L'ÉVÊQUE D'ORLÉANS

NOTES ET SOUVENIRS

PARIS. — IMP. V. GOUPY ET JOURDAN, 71, RUE DE RENNES.

L'ÉVÊQUE D'ORLÉANS

 NOTES ET SOUVENIRS

Meminisse juvabit.

PARIS

CH. FORESTIER, LIBRAIRE

25, RUE DE LAS-CASES, 25

1879

1

Il est mort.

L'évêque d'Orléans est mort !

En écrivant cette triste parole, je me souviens du cri que naguère il poussait lui-même, en tête d'une de ses pages les plus inspirées, les plus émues, les plus solennelles : *Pie IX est mort, Pie IX est mort !*

L'évêque d'Orléans est mort ! Le jugement de l'histoire a commencé pour lui. Des hommages à peu près universels ont été rendus à sa mémoire. Quelques protestations ont retenti, il est vrai, venues des confins les plus extrêmes de la surface sociale. Le *Rappel* et l'*Univers* avaient le droit de fraterniser sur cette tombe : Regrettable fraternité que celle qui a pour principe une haine commune !

La vie de Mgr Dupanloup sera écrite : elle sera longue, volumineuse, émouvante. Cette carrière fut mêlée à des événements si graves, si variés et parfois si violents.

Un seul homme peut écrire cette vie ; personne

ne lui en disputera le difficile honneur. Cet homme a été depuis vingt ans le compagnon assidu et, pour ainsi dire, la doublure honorée de ce maître éminent. Il a dû voir, jusqu'au fond, des choses que nul ne peut savoir.

Il nous dira les faits et il nous peindra l'âme (1).

Moi, je vais simplement réunir en faisceau quelques notes de mon journal personnel, comme on cueille, en un champ voisin du cimetière, des fleurs modestes qu'on va poser sur une tombe !

On a dit avec vérité :

L'amitié d'un grand homme est un bienfait des cieux !

Les relations affectueuses dont m'honora celui-ci, demeureront le meilleur honneur de ma vie. Il daigna m'admettre dans son intimité, s'asseoir familièrement à mon humble foyer, m'initier parfois aux mouvements les plus graves de sa vie publique, me croire capable de lui procurer, à certaines heures, un repos d'esprit et de corps dont il avait tant besoin et qu'il avait si bien gagné.

(1) Mon modeste travail ne gênera nullement le sien et il ne l'en dispensera pas. Je crois savoir que plusieurs amis de l'évêque d'Orléans préparent quelques publications éparses, qui fourniront à l'historien principal des données importantes.

Je le saisissais en ces heures de bienveillant abandon, je le crayonnais, je le photographiais. De ces traits épars, de ces poses trop rapides, je voudrais aujourd'hui recomposer un buste, une figure ! Douce occupation, je l'avoue, que celle qui consiste à le considérer, à le conserver de plus en plus pour soi, en travaillant à le reproduire pour autrui.

Combien se retrouveront avec moi auprès de lui ! Le cœur a ses habitudes comme l'esprit. Et s'il varie prudemment les formes sous lesquelles il se communique, le fond reste le même. J'envoie ce récit à tous ceux qui l'aimèrent, à tous ceux qu'il aima ! Il y en eut des multitudes.

« Je ne mourrai pas tout entier, » pourra dire notre cher défunt, avec la parole d'un de ses plus tendres poètes : *non omnis moriar !*

Il y a, dans le cœur de ceux qui demeurent et se souviennent, une immortalité relative pour ceux qui s'en vont !

Les souvenirs de leur vie sont nos meilleures consolations, dans le regret et le deuil où nous a plongés leur mort :

Les souvenirs et les espérances !

Paris, 20 octobre 1878.

II

Une première visite.

Elle n'a pas été gaie, je l'avoue ; mais en revanche elle a été étrange, originale ; et, en définitive, j'ai lieu d'en être satisfait.

Je n'avais jamais vu l'évêque d'Orléans, je ne le connaissais que par la publicité de ce talent et de ces services qui semblent appartenir à tous. Mais j'étais du nombre de ces jeunes prêtres qu'il entraîne, qu'il élève à distance, et dans l'esprit desquels le seul prestige de son nom provoque des admirations.

J'avais souvent correspondu avec lui, sur des questions vers lesquelles je me sentais attiré. Il avait pris des renseignements sur moi auprès de l'Éminent archevêque de Bordeaux qui les avait donnés selon son bon cœur. Bref, l'évêque d'Orléans souhaitait me voir et moi j'avais soif de le rencontrer.

Donc le 28 février 1861, je me détache, entre deux sermons, de la cathédrale de Nevers où je prêchais le carême : Et après deux dépêches échangées, j'arrive à Orléans. Je vais droit à l'évêché.

Il était six heures du soir ; Monseigneur rentrait de sa promenade à La Chapelle, de cette course à pied que j'ai tant de fois depuis partagée avec lui ! On m'annonça : Il daigna venir me recevoir dans la grande antichambre du rez-de-chaussée :

« Enfin, vous voilà, me dit-il, en me tendant la main et en m'embrassant, comme si j'eusse été un ancien élève du petit Séminaire de Paris. — Vous arrivez à l'instant, vous devez avoir bien besoin de vous reposer.

— Point du tout, Monseigneur ; je suis tout délassé, puisque j'ai le bonheur de vous voir ! »

L'évêque a posé sa main sur mon épaule comme pour me dire : Je le crois. Je m'étais représenté par l'imagination une *Grandeur légendaire* ; j'ai été ému par tant de simplicité.

Mais quand je lui ai manifesté le désir de l'entretenir le soir même sur l'objet particulier qui m'amenait, obligé que j'étais de repartir, il a pris soudain cet air pressé et ferme que ses amis lui connaissent et il m'a dit sans sourire : « Monsieur l'abbé, un homme comme vous doit comprendre le français ? — Monseigneur, je serais bien à plaindre, si je ne le comprenais pas, quand c'est votre Grandeur qui me fait l'honneur de me parler. » Cette fois il a souri imperceptiblemement. — « Et bien, je dis que, avec un homme comme vous, il ne faut dire que deux mots : *C'est im... pos... sible.* » Les a-t-il martelées ces syllabes !

Là-dessus il se met à appeler, à crier : « Alexandre, Alexandre ! » Le concierge accourt de sa loge : « La chambre rouge à M. l'abbé ; un couvert à table. » Et se tournant vers moi : « A sept heures je prends mon bain, on soupe à huit heures, à neuf heures je me couche. Demain matin, messe pour la réunion des mères chrétiennes. Je confesse toute la matinée ; à midi et demi vous déjeunez avec nous, après quoi, nous sortons ensemble dans la campagne et vous me direz tout ce que vous voudrez. »

Cela dit, sans attendre ma réponse, il me tend de nouveau sa main et se dirige vers sa chambre.

Un peu stupéfait de ces manières aussi larges que sommaires, aussi affectueuses que brusques, je me laisse conduire à ladite chambre rouge... A huit heures je me rends au souper où Sa Grandeur ne vient pas (J'y vis pour la première fois celui de ses secrétaires que j'ai tant apprécié, tant aimé depuis). A peine avons-nous fini que le maître carillonne vivement. Un instant j'espère qu'il va me faire appeler. Point du tout, il avait une tirade à dicter avant de s'endormir.

Pendant le repas, j'ai raconté à ces messieurs la perspective d'audience que Mgr m'avait ouverte pour le lendemain. Ils se sont regardés en souriant d'un air un peu incrédule : « Monseigneur attend demain à déjeuner le secrétaire de M. Berryer, dit l'un d'eux. » J'ai compris ce que cela peut signifier.

Médiocrement satisfait, point du tout subjugué, mais passablement dépaysé, je rentre dans la chambre rouge, où j'écris jusqu'à onze heures mes impressions sur tout ceci.

A onze heures, je retourne à la gare et je pars pour Paris, estimant que quelques heures assurées dans la capitale valent mieux que les quelques minutes très-problématiques qui me sont promises sur la route de La Chapelle.

J'ai su que le lendemain Monseigneur a paru étonné de ma décision. Il est tant habitué à se laisser attendre par des personnages autrement importants !

Peut-être a-t-il deviné que je reviendrais?? Je suis revenu en effet.

Mais dès ce moment je me suis promis de beaucoup étudier cette physionomie, chez laquelle les éminentes qualités et la bonté elle-même apparaissent sous des formes si étranges.

Février 1861.

P. S. — Mon grand tort avait été de croire que l'on pouvait, même de loin et après s'être annoncé, venir causer pendant une heure avec l'évêque d'Orléans et repartir après. Il ne cause jamais qu'à des moments qui, pour lui, seraient perdus : quand il se repose ou quand il se promène. Que de gens ont dû passer une journée, deux journées, trois journées avant d'avoir ce bienheureux quart d'heure de conversation!... Il déjeune, dîne; et, en dehors de là, a l'air de fuir tout tête-à-tête avec ses invités :...

« Mon ami, c'est uniquement pour vous retenir plus longtemps, » disait-il un jour à l'un d'eux, qui se plaignait de ces difficultés.

Hélas! et c'est dans cette même salle des pas perdus, juste à la place où je l'ai vu et où il m'a embrassé pour la première fois, que je le rencontre, que je le retrouve dix-sept ans après, couché, mort, sur ce qu'on appelle un *lit de parade*, et que sa vue m'arrache le cœur! O triste retour des choses d'ici-bas! des choses et des hommes!

Oh! que nous ne sommes rien!

Octobre 1878.

III

Portrait en pied.

Il est plutôt petit que grand; mais sa taille se rehausse étrangement quand il s'anime, et il s'anime toutes les fois qu'il parle. Il a le cou assez fort et toujours au large dans le col de sa soutane; ce qui fait que son rabat s'en va souvent de travers et lui donne des tournures négligées. La tête est fièrement posée, mais déjà un peu tremblottante et un peu penchée vers l'épaule droite. Le front est large et fortement ridé. Les cheveux sont très-blancs et plutôt clairsemés qu'abondants. Il les porte habituellement assez courts et frisottés en avant sur les tempes, comme M. Thiers et M. de Rémusat, comme tous les hommes de 1830. Ses yeux sont petits. Un seul a son usage; mais il est bon, au point que Monseigneur n'a jamais mis de lunettes, ni de pince-nez. Arcades sourcillières très-saillantes, comme le sont les pommettes de ses joues; sourcils fort abondants et en broussailles. Le menton est très-osseux et forme en dessous de la lèvre inférieure une cavi-

1.

té qui ne doit pas être commode pour son rasoir. — Une large couture en fait foi. — La bouche assez grande, à peu près dégarnie de dents: il a horreur d'un ratelier-postiche. Il a cependant écouté avec quelque attention, quand on lui a dit que ceci n'était pas moins utile pour parler que pour manger. Un nez à bec d'aigle fortement recourbé. Son teint est très-rouge, légèrement violacé, mais d'une coloration qui n'a rien d'acre ni d'ardent et laisse à la peau toute sa douceur. Ses joues un peu pendantes ont une carnation enfantine. Sa main est à la fois fine et potelée. Ses ongles sont courts. Il met rarement ses gants, mais en revanche il les perd souvent. Il porte une calotte de soie violette, tellement mince que c'est à peine si elle peut intercepter l'air : son pied assez petit est dissimulé sous des chaussures impossibles : car ses extrémités inférieures sont toujours glacées, aussi bien que sa tête est toujours incandescente.

Avec tout cela, il a des sourires d'une grâce exquise. Le son de sa voix, malgré son accent un peu nasillard, a des séductions qui vous subjuguent.

Cet homme est *sui generis*, au physique aussi bien qu'au moral. Il m'a tellement frappé que je le crayonne de mémoire, comme si je le connaissais depuis vingt ans.

Je crois bien que son image est déjà gravée dans mon cœur, miroir que je sais être fidèle.

Avril 1862.

P.-S. — Monsieur le comte de Nogent est venu à La Chapelle pour faire la statue de l'évêque. Il l'a posé debout, la main appuyée sur un grand livre... à la Bossuet. L'évêque consent à lui donner çà et là quelques quarts d'heure. Il nous laisse prendre sa tête dans nos mains et la tourner aux convenances de l'artiste... En somme, il se laisse faire et n'a pas l'air fâché de cette attention. Moi, j'ai depuis 12 ans *son portrait en pied* et je le trouve encore ressemblant.

Juillet 1874.

IV

Traits de vie intime. — Politesse. Distinction.

Il y a dans les habitudes de cet homme des nuances d'une politesse exquise, d'autant plus frappantes qu'elles sont moins répandues : Il avait aujourd'hui à sa table un jeune vicaire de campagne et une mère de famille avec ses deux enfants. Il a été servi le dernier, comme si ses hôtes eussent été des archevêques, des ministres ou des vieillards.

Et c'est toujours ainsi, même quand on lui fait des visites de durée. Si par hasard on se permet de lui proposer le contraire, il se récrie comme devant *l'impossible* : « Oh ! jamais ! ! »

Dans ses rapports les plus domestiques, les plus intimes, il n'a jamais prononcé le nom d'un de ses amis sans dire *monsieur :* M. Cochin, M. de Falloux, etc.

Il n'a jamais désigné un de ses secrétaires ou un de ses prêtres, ou un prêtre quelconque par cette formule si usitée : L'abbé un tel. Non ; il dit toujours : Monsieur Lagrange, Monsieur Bougaud,

Monsieur Gaduel ; et autour de lui on se conforme d'instinct à ces manières qui ont une vraie distinction.

Lui si expéditif, si pressé toujours, il déteste le style télégraphique, uniquement à cause de la suppression qu'il admet des formules de la convenance.

La plupart de ses lettres sont écrites en ce style télégraphique, mais ces formules ne sont jamais tronquées.

De même il n'accepte jamais ces honneurs qu'on rend si facilement aux prélats dans leur propre palais : Passer d'un salon dans un autre, avant un visiteur.

Dans quelques cas, il tranche agréablement la difficulté, en le prenant doucement au bras et passant avec lui ; jamais avant.

A quelques très-rares exceptions près, motivées par un âge très-avancé, il n'offre pas son bras aux dames, pour aller du salon à la salle à manger et réciproquement ; mais dans ce cas il s'approche de la personne la plus digne, et marchant à côté d'elle en lui faisant un signe de la main, il lui dit : Madame, nous allons passer à la salle à manger, si vous voulez bien.

Il donne volontiers sa main aux ecclésiastiques, mais ne supporte pas qu'on la lui baise. Il embrasse volontiers un ami qu'il n'a pas vu depuis longtemps en lui ouvrant les bras, en le pressant même ; jamais en le baisant.

Il ne veut pas qu'on se mette à genoux devant lui, autrement que pour lui demander sa bénédiction. Mais le salut que depuis quelques années les prêtres font à Nosseigneurs les évêques par une *génuflexion*, le révolte.

Il excelle dans la manière de présenter chez lui les personnes les unes aux autres, choisissant toujours d'un mot les motifs qui peuvent amener un agrément, une sympathie : Madame, j'ai l'honneur de vous présenter M. un tel, qui a beaucoup connu votre père... Monsieur, permettez-moi de vous présenter M. B., qui a composé un livre que vous aimez beaucoup, etc., etc.

Il a des moments où il est évidemment plus gai que de coutume : ses habitués voient percer cette disposition dans ses premiers sourires, dans ses premières paroles ;... quand son courrier lui a apporté quelque bonne nouvelle, quand il a reçu une visite importante et agréable, quand il a vu dès le matin un beau soleil après des jours de pluie, quand surtout une grave fatigue des jours précédents a disparu, quand il est dans une passe de santé bien équilibrée.

Mais cette gaieté est toujours contenue ; on ne l'a

jamais entendu rire aux éclats, jamais prononcer une parole qui ne fût de la plus rigoureuse convenance.

On peut se permettre chez lui un mot d'esprit, une fine plaisanterie à termes couverts. Il en sourit aimablement, la répète quelquefois, mais il faut que ce soit en bon petit comité, en voyage ou à la campagne, etc.

M. Dr. a risqué un calembour qui, je le reconnais, n'était pas très-fin : « Ah! mon ami, je ne vous savais pas atteint de cette maladie-là », lui a-t-il dit, sur un ton qui signifiait : Je vous plaindrais bien si vous en abusiez.

Il est toujours d'une propreté exquise, malgré la manière dont il s'affuble. Il se rase lui-même, et, comme ses rasoirs font un peu son désespoir et qu'il veut aller trop vite, il lui arrive souvent de se mettre le visage tout en sang. Sa toilette est sommaire mais complète.

On prend naturellement ces habitudes autour de lui et il vous y ramène aimablement : « Oh! mon ami, quelle belle barbe que la vôtre! mais nous avons des dames à dîner, il vous faudra bien la couper, » disait-il un jour à un de ses chers négligents.

Détails minimes, insignifiants, mais qui peignent bien un homme tel qu'il est. Ce sont *les pantoufles*, c'est *la robe de chambre, dans lesquelles*, dit-on, *il n'y a pas de grand homme.*

Eh bien, Monseigneur Dupanloup n'a jamais de pantoufles, même quand il chausse des souliers ou des brodequins rembourrés ; il n'a jamais de *robe de chambre*, même quand il veut éviter le froid sans s'approcher du feu : Pas plus au moral qu'au physique.

Le laisser-aller lui est inconnu.

La distinction est chez lui à l'état permanent.

V

Son parapluie, son chapeau.

On a tant écrit sur ce chapeau et sur ce parapluie, qu'il semble que plus rien ne soit à dire.

Le parapluie et Monseigneur sont inséparables ; il le prend par tous les temps et en fait tour à tour son parasol et sa canne. Son chapeau l'embarrasse souvent ; il le pose partout, *excepté sur sa tête*, et Dieu sait dans quel état de chiffon il le met. Mais son parapluie, c'est différent... il le soigne.

Après une réunion d'évêques, à l'archevêché de Paris, on lui a échangé son parapluie, et cela le désole.

« Mais, Monseigneur, dit le valet de chambre, que Votre Grandeur prenne celui qui a été laissé en place du sien, puisque tout le monde est parti et qu'il en reste un. »

Et j'ajoute, moi : « Prenez toujours, Monseigneur ; il vaudra bien autant que celui que vous avez laissé (à part) qui ne valait pas grand'chose.

— Oui, mais il me servait depuis quatre ans ! »

— Raison de plus pour le regretter moins.

— Oui, mais il me servait de canne, il avait un bout recourbé et il était à ma taille...

— Monseigneur, calmez vos regrets; s'il ne se retrouve pas, nous en achèterons un tout pareil, excepté qu'il n'aura pas quatre ans d'existence.

— J'aime mieux espérer que celui qui me l'a pris se ravisera et le fera rapporter.

— Monseigneur, sauf la question d'avoir une de vos reliques, il y a pour le voleur tout intérêt à restituer. »

Monseigneur sourit, et en s'appuyant sur le parapluie laissé ajouta : « Après tout, il ne va pas trop mal. »

Il va sans dire qu'on lui rendit le sien le lendemain.

VI

S n crayon.

Dans une des premières courses que je fis avec lui, d'Orléans à La Chapelle, je lui pris son bréviaire, afin de le lui porter. Il était recouvert d'une étoffe violette et avait, replié sur la tranche, un étui à crayon : « Ne me le perdez pas, me dit-il ; car je vais m'en servir en rentrant pour prendre des notes sur tout ce que vous m'aurez dit. » — Et comme j'étais un nouveau pour lui, il est bien capable d'avoir en effet pris quelques traits de notre conversation, qui lui parlait de personnages et de lieux moins connus.

Mais voici un incident qui me frappa :

Au bout d'un quart d'heure, il reprit son bréviaire afin de le réciter. Et depuis un moment il priait ainsi, quand il s'interrompit tout à coup, se prit à méditer, retira le fameux crayon, marqua d'une croix un passage sur le livre et me dit : « Mon ami, voilà quarante ans que je récite ce psaume et je viens d'y découvrir un sens que je n'avais jamais compris encore. »

Quelque temps après je l'entendis commenter au congrès de Malines l'éloquent verset où David parle « des bêtes fauves qui sortent, pendant que la nuit obscure protége leurs larcins et leur fureur; qui rentrent dans leur tanière, aussitôt que le premier rayon du jour paraît. »

Or, l'orateur fut splendide ce jour-là : en ouvrant le bréviaire je vis une double croix sur ce verset : *Ortus est sol et in cubilibus suis collocabuntur.*

Quel charme et quelles leçons dans ce souvenir !

VII

Comment on l'aime.

Beaucoup et bien.

Je fus souvent témoin des hommages rendus à sa vie publique. Plus doux est le spectacle de l'affection dont on l'entoure, dans ces familles si nombreuses où on l'accueille comme un père, comme un ami.

Et je le crois bien : Il a toutes les ressources de sa longue expérience, toutes les garanties inhérentes à son âge avancé : et, avec cela, tous les charmes d'une jeunesse continuée !

Fidèle à ses vieux liens, il en contracte volontiers de nouveaux, et il exerce le même prestige sur tous ceux qu'il admet à son intimité.

Des malins ont vanté, en l'exagérant, l'engoûment qu'il produisit autrefois. Cette faculté en lui doit être sérieuse : car elle est la même, quarante ans après.

La princesse Borghèse a plus de quatre-vingts ans.

Elle voulait, comme les années précédentes, venir en France passer le printemps. Ses enfants, qui l'ont détournée de ce projet irréalisable, ont cherché, ont trouvé pour elle un dédommagement. C'était le seul et il a suffi.

Ils ont écrit à l'évêque d'Orléans : « Venez, Monseigneur ; notre mère vous réclame. » Et le noble ami a répondu, malgré ses fatigues : « Je pars et je vais la bénir une fois encore ! » Il a lui-même soixante-quinze ans !

Monseigneur dîne tous les jours en tête-à-tête avec la princesse, dit tous les matins la messe dans sa chambre, ayant avec elle de longs et fréquents entretiens, où ils parlent bien moins des souvenirs du passé que des immortelles espérances ?

Comment cette religieuse famille n'aimerait-elle pas un tel hôte ?

Ses amis lui donnent les meilleures marques d'une affection vraie :

L'estime. — Une estime qui ne fut jamais discutée. Ses plus familiers ne découvrirent pas le plus léger nuage aux horizons de cette vie.

La confiance. — Une confiance telle, qu'il doit prudemment se défier, en certaines circonstances au moins, de l'empire que ses avis exercent. Que de mères ont marié leurs filles de cette manière ! que de vocations embrassées sur son conseil, presque sans discussion ?

Voici un signe singulier : dans cette multitude d'amis, chacun croit l'aimer plus que les autres et chacun croit avoir en son affection une préférence.

C'est comme une vaste famille patriarcale, ayant des fils à la Chambre des députés, au Sénat, parmi les journalistes, les artistes, les princes, en France, en Italie, en Pologne, partout. Et ce qu'il y a de plus particulier, c'est que chacun de ces *Benjamin* a ses motifs pour croire qu'il mérite ce nom.

Mais, il faut le reconnaître, ces sentiments sont beaucoup plus chez les laïques que dans le clergé. Le clergé orléanais est fier d'avoir un évêque dont tout le monde parle. Il est moins affectueux pour un évêque habituellement absent.

D'ailleurs, Monseigneur n'a guère autour de lui que des étrangers, soit dans la maison, soit au dehors. Je suis bien *seul* avec lui, pour un mois, et je ne suis pas Orléanais.

Il ne leur a évidemment pas donné ce qu'il avait de meilleur. La reconnaissance est moindre chez eux : conséquence inévitable.

Et puis il inspire aux administrés un peu trop de crainte, pour leur laisser beaucoup d'amour.

En somme : Il est surtout aimé dans le monde et autre part que chez lui.

Migliarino, près Pisa, avril 1877.

Cette page est fort incomplète : elle semble restreindre, au cercle de familles et d'amis dans l'intimité assidue desquels il vivait, l'estime et l'affection qu'on a eues pour lui. Ce serait là une profonde erreur, une suppression, qui rendrait méconnaissable sa physionomie et faux son portrait.

Mgr Dupanloup comptait aussi dans le clergé français, dans le clergé du monde entier, des esprits élevés, de nobles cœurs qui lui rendaient hommage.

Il l'estimait et il l'aimait, cet éminent cardinal Donnet, archevêque de Bordeaux, qui a dit un jour au Pape : « Saint Père, il y a, en France, un homme qui nous dépasse tellement tous par le zèle, l'éloquence et tous les services rendus à l'Église et au Saint-Siége, que je voudrais qu'il me fût possible d'arracher la pourpre de dessus mes épaules pour en couvrir les siennes. »

Et cet homme, bien extraordinaire lui aussi,

dont on ne connaîtra les immenses œuvres que longtemps après sa vie, sur la bonté et le noble cœur duquel j'aurais aussi bien des *Notes et Souvenirs,* le cardinal Donnet a répété, en toute occasion propice, ce propos qu'il a tenu à Pie IX. C'est de lui que je l'ai plusieurs fois entendu. Il l'a dit un jour, en ma présence, à Mgr Dupanloup lui-même, qui lui a répondu : « Ah ! Monseigneur ! dans quelle erreur votre bonté pour moi et votre humilité vous ont-elles jeté ! »

Il l'estimait et il l'aimait, ce bon Mgr Lyonnet, archevêque d'Albi, qui, apprenant, il y a trois ans, que l'Évêque d'Orléans devait lui faire une visite, lui avait préparé une de ces réceptions qui mettent en mouvement toute une cité et en joie toute une population, peu soucieux cette fois de quelques discordants qui murmuraient autour de lui le mot de certain disciple mécontent : *Ut quid perditio hæc ?* Ce fut inutile, hélas ! car l'Évêque d'Orléans fut empêché à la dernière heure !

Et je sais ce qu'il en souffrit.

Il l'estimait et il l'aimait, ce prélat, successeur de Mgr Lyonnet, qui, sachant, à cette même époque, que Mgr Dupanloup devait venir dans ces contrées, écrivait à son compagnon de voyage ces paroles textuelles : « Rendez-moi l'immense service de me l'amener ! Je vous en serai à jamais reconnaissant : car j'ai soif de recevoir ce grand Évêque chez moi ! » Et, certes, il serait difficile à un homme, à un Évêque, de faire d'un autre un panégyrique plus éloquent que celui dans lequel Mgr Ramadié a relevé en quelques traits la haute personnalité de son collègue et ami : il a été vraiment à la hauteur de son sujet.

C'est la lecture de ces pages qui m'a fait trouver si incomplète la précédente note : *Comment on l'aime.*

Et je me déclare incapable de la compléter ; car il me faudrait citer ce que j'ai appelé *des multitudes*. Conduire plus loin les détails serait augmenter les regrets pour tous ceux que je devrais omettre. Il y a ici la matière d'un livre dont le sujet n'est pas moins dans le monde que dans l'Église, et à l'étranger qu'en France.

VIII

Un engoûment excessif.

Je passais hier ma soirée chez M. le marquis de St. C.... A neuf heures et demie, le valet de chambre vient m'informer qu'une dame a absolument besoin de me parler tout de suite. Je suis contrarié et je demande la permission de sortir du salon.

Tout le monde croit que c'est pour un malade et l'excuse est facile.

Il s'agissait d'un malade en effet, mais ce n'est point lui qui m'envoyait chercher.

Mme de la F.. avait lu dans *le Soir* que Mgr Dupanloup n'était point allé au Sénat pour cause de maladie. Et la voilà faisant atteler, courant chez les amis de l'évêque et me déclarant à dix heures du soir qu'elle part pour Viroflay avec un médecin, etc.

— Madame, vous en serez pour vos frais. On ne vous ouvrira pas même les portes de Bonrepos à une heure aussi indue. Et je vous affirme que vous risquez fort de compromettre vos bons rapports avec Monseigneur par de telles exagérations : Monseigneur en a horreur...

C'était le moyen de la calmer, je le savais bien. Un peu indignée de ma tranquillité après l'article du journal qui la mettait en feu, elle rentra chez elle, et est partie ce matin par le premier train.

Quand elle est arrivée, Monseigneur, ayant déjà dit sa messe, était occupé à mettre la dernière main au discours qu'il doit prononcer demain sur la question des *desservants.*

Quand Jules a timidement informé l'évêque de la présence de la visiteuse, Sa Grandeur a répondu : « Donnez-lui les journaux et dites-lui qu'elle ait la bonté de demeurer à déjeuner avec nous. »

Il était huit heures un quart du matin, on déjeune à midi et demi.

Ce qu'il y a de plus fort, c'est que Madame de la F.. est restée, et qu'en me voyant arriver à midi un quart elle m'a dit du ton le plus suppliant : Au moins, Monsieur, ne dites rien de mon équipée d'hier ; Monseigneur me gronderait trop.

Voilà des engoûments comme il en produit encore : et il a *soixante-treize ans!*

Mais quel sceau d'eau froide il leur jette !

« Vous êtes vraiment bien bonne, Madame,

d'avoir attendu si longtemps! » Cinq minutes d'audience dans le jardin, entre le déjeuner et le départ pour Versailles, et tout a été dit.

Si celle-là donne dix mille francs pour *la Défense*, elle ne sera pas exigeante!

IX

Comment il cause. — Une causerie en marchant.

Monseigneur a parfois l'air de tout dire et de tout faire *en courant ;* mais, en courant, en promenant, que de charmantes choses il dit!

Nous passons dans une rue étroite où nous rencontrons un homme qui ramasse des ordures dans sa hotte. Il salue Monseigneur, comme s'il n'était pas un libre penseur, cet homme-là. « Bonjour et bon courage, mon ami, lui répond le prélat, comme s'il eût encouragé M. Bougaud, lui lisant quelques pages de la vie de sainte Monique!

«Voilà, me dit-il, un des plus grands mystères de l'humanité et un des bienfaits de la Providence les plus signalés : c'est qu'il se trouve dans la société des hommes pour tous les états, des bras pour tous les travaux : Il y a des balayeurs de rue et des ramasseurs d'ordures, il y a des récureurs d'égouts et de lieux plus infects encore. Il y a des travailleurs de tout état. Or, supposez qu'un jour un de ces corps d'état se mît en grève, les vidangeurs par exemple ! quelle révolution ! Et bien, ce qu'il y a de plus merveilleux, c'est que chacun de ces hommes est content de son état, pourvu qu'il lui donne du pain pour lui et pour sa famille — car la plupart de ces honnêtes gens sont des pères de famille.

« Mais, ajouta-t-il finement, supposez un moment l'avénement au pouvoir de ces couches-là ! Est-ce que les autres voudront prendre leur place : Est-ce que M. Gambetta lui-même voudrait faire ce que font ceux-ci, s'ils lui disaient un beau jour : ôte-toi de là, afin que je m'y mette, et reciproquement ?

Nous arrivons aux portes de la ville : Sur les bords de la Loire, Monseigneur aperçoit un troupeau de chèvres qui vont, la mamelle pleine, presque traînante, du côté d'Orléans : « Encore la Providence, dit-il : Voilà les nourricières d'une foule de petits enfants qui n'ont pas le sein de leur mère, ou qui n'y peuvent trouver ce qu'il leur faut ; on dit que le lait influe sur le tempérament et même sur le caractère. J'en connais plusieurs qui, dans ce cas, auraient têté une chèvre dans leur enfance !

— Pourquoi, Monseigneur ? est-ce parce qu'ils grimpent sur les rochers ?

— Non, parce qu'ils donnent des coups de tête à quiconque veut les approcher !

« Et bien, voyez-vous, je passe de préférence

par ce chemin tous les jours, à peu près à la même heure, parce que j'ai un plaisir très-vif à rencontrer ces petites bêtes. Les plus blanches surtout me rappellent les chèvres un peu plus sauvages de mon pays... Mais ici tout le monde est plus civilisé que dans nos montagnes de la Savoie, même les chèvres ! »

Et pendant qu'il prononce ces mots : chèvres, pays, montagnes, Savoie, il est évident qu'une émotion douce et triste à la fois effleure son âme. J'ai surpris une grosse larme dans ses yeux !

— Mon ami, si vous voulez, nous allons maintenant dire un peu de bréviaire ; — Dites le vôtre, Monseigneur ; moi je vais réfléchir en vous suivant.

Et je me tiens à quelques pas de lui...; au bout de vingt-cinq minutes, il a terminé les vêpres et le chapelet, juste au moment où nous passions devant une vache, en train de lécher son veau.

— « Les mères sont les mêmes partout, me dit Monseigneur ; et c'est avec une expression infiniment juste qu'un poète payen a appelé la nature : *natura communis* !... Regardez ces bonnes bêtes. Et oui, mais cette nature est plus facilement *dénaturée* dans l'humanité que parmi les animaux. »

« Comme la Loire est basse, Monseigneur !
— Oui, mais regardez jusqu'où elle a monté il y a

deux ans. Toute cette immense plaine que vous voyez était envahie, Orléans était menacé... Ah! mon Dieu! Et dire qu'il y a des flots bien autrement redoutables que ce fléau, dans notre siècle. »
Et certainement Monseigneur ne pensait pas aux bataillons prussiens en ce moment.

Nous voilà à La Chapelle : Les six kilomètres ont été mis sous nos pieds sans que je m'en sois aperçu, moi qui ne suis pas un aussi intrépide marcheur que lui.

En vérité, j'ai autant aimé cette promenade que celle de Viroflay à Versailles, où l'on fait forcément de la politique, en se rendant à l'Assemblée des Souverains.

Pendant que je le suivais disant son bréviaire, je me souvenais de cette parole prophétique appliquée à Notre-Seigneur. « *Sa conversation* n'a point d'amertume, ses affirmations n'engendrent aucun ennui : tout y est joie, paix, poésie, bonheur intime de l'esprit et du cœur ! »

Merci, Monseigneur, voilà une bonne page pour mon journal !

X

Comment il mange.

Ce brave cher homme : il est sur sa santé comme bien des gourmands sont *sur leur bouche*. Il use depuis quelque temps du bromure de potassium et en use à outrance : le voilà regardant sa montre à la gare de Velletri et criant à son valet de chambre : « Auguste, vous ne m'avez pas donné mon bromure. » Il tient évidemment beaucoup à la vie, et peut-être plus encore à la santé, pendant tout le temps qu'il vivra : car vivre sans travailler pour lui est impossible.

« J'ai été souvent fatigué, m'a-t-il dit ; mais cette fois je me sens atteint. » Ses maux de tête surtout le désolent : depuis que nous sommes en route, il va beaucoup mieux.

Mais, par exemple, voilà un péché qu'il ne commet guère : la gourmandise. Il a un grand appétit et mange beauconp. Mais quand il a rencontré le plat de son choix, la fameuse tête de veau entr'autres que ses curés ne manquent jamais de lui servir en visite pastorale, et qu'il apprécie à cause du mauvais état de ses dents ; il s'en sert une pleine assiettée,... en y ajoutant les favorites laitues, son classique fromage et les éternels pruneaux, son repas est fait. Il va, d'instinct et par choix, à ce qui le nourrit ; jamais à ce qui le délecterait.

En voyage, il ne mange jamais que dans le wagon : il prend une joie enfantine à ce qu'il appelle *le festin*. Il trouve tout excellent, merveilleux, et ne tarit pas de compliments sur la manière dont j'ai combiné ce fameux festin, qui se compose d'un poulet froid et d'une tranche de gigot de la veille : pruneaux et fromage toujours !

Un jour, cependant, je lui fis une surprise : comme nous devions arriver à Bordeaux à dix heures du soir, juste pour nous coucher, j'ai télégraphié au directeur du buffet d'Angoulême ; et bref, je lui fais faire, en vingt minutes, devant une très-bonne table et un très-bon feu, un excellent souper.

Il a cru que tout ceci était arrivé de soi-même et je ne lui ai pas donné d'autre explication ; mais je le soigne bien, il est content et moi aussi, qui, par contre, déteste manger en wagon.

En wagon encore, je le regardais faire un jour pendant que moi-même je ne mangeais pas et je me livrais juste à des réflexions qu'il comprit : « On a l'air très-bête, n'est-ce pas, quand on mange? me dit-il. Que voulez-vous? l'homme est un animal. — Raisonnable, Monseigneur! » Le fait est qu'en le considérant gloutonner ainsi, je me disais : « L'esprit ne dispense pas de la matière. »

XI

Comment il boit.

Sa sobriété, en ce qui regarde le boire, est extrême.

Jusqu'à il y a trois ans, il n'avait jamais pris une goutte de café, de liqueur, de vin pur.

Il y a quinze ans, je fis venir pour lui, toujours en vue de sa santé, une caisse de vin de Bordeaux, que mon ami M. de Lestapis(1) fut heureux de m'offrir pour une si honorable destination.

Monseigneur en versait quelques gouttes dans son verre plein d'eau *jusqu'au bord*, comme il disait; et puis, un jour où il avait un grand dîner officiel, il servit ce nectar aux convives, trop nombreux pour l'apprécier.

« Je ne vous en donnerai jamais plus de pareil? Monseigneur, lui dis-je. »

Il se prit à sourire d'un air très-incrédule, et il

---

(1) Il me pardonnera, lui et tous ceux dont je parlerai en les nommant pour de si simples sujets. C'est *un journal* que je reproduis.

avait raison ; car, l'an dernier, ses médecins voyant qu'il s'affaiblissait, lui ordonnèrent de recourir à *ce lait des vieillards*. Il m'écrivit aussitôt pour me prier de lui indiquer un bon fournisseur.

Mon honorable ami M. Deforge choisit dans sa cave une caisse de tout ce qu'il avait de plus vieux, de plus exquis.

Il reçut, en échange de son envoi, une lettre de remercîment dont il est plus fier qu'on ne l'est d'un autographe de roi. Cette fois le prélat en usa pour lui-même : « Je ne savais pas, disait-il avec une naïveté charmante, qu'on pût ainsi goûter le vin par l'odorat. Je vais le respirer avant de le boire. »

Monseigneur Dupanloup, transformé tout à coup en dégustateur bordelais !

Il lui avait fallu arriver à sa soixante-quinzième année : c'était drôle.

Eh bien ! cette sobriété excessive, c'est de la vertu, de la mortification.

C'est la vie d'un anachorète, à la table des grands.

C'est la constante habitude d'un homme qui porte dans le monde les prescriptions qu'on croirait réservées aux habitants de la Thébaïde.

Et quand on y réfléchit, on voit bien qu'il a raison.

« La mortification est moins nécessaire aux trappistes et aux chartreux qu'elle ne l'est aux hommes du monde, a-t-il dit quelquefois.

« Les premiers ont, moins que les seconds, besoin de précaution avant, de pénitence après. »

Oui, le mot n'a rien d'exagéré : Monseigneur Dupanloup est un anachorète.

XII

Comment il dort.

Régulièrement et bien, ordinairement. Il a le culte de l'heure du coucher ; à neuf heures il est toujours au lit.

Le soin général qu'il a de sa santé lui fait attacher à son sommeil une importance majeure.

Mais ce sommeil est parfois difficile à venir ; facile, très-facile à interrompre.

Il y a tant de choses dans cette tête : des préoccupations encore plus que des occupations.

A certaines époques, il prend un bain presque quotidiennement ; toujours à la fin de la journée, afin de préparer son sommeil.

Le sommeil de Monseigneur est la chose qu'il faut le plus respecter dans sa maison.

Sa chambre est située à l'extrémité de l'aile gauche du Palais ; elle donne sur le jardin, afin de l'abriter contre tout bruit. Mais les portes sont doubles et rembourrées, les fenêtres également doubles et matelassées. Il n'a pour ennemi que l'horloge de la cathédrale. Je ne voudrais pas jurer que parfois on n'en a pas arrêté la sonnerie pendant la nuit.

A une époque, il y a quelques années, Monseigneur était réveillé en été dès trois heures du matin, par des coqs qui chantaient dans le voisinage. Les propriétaires firent à Sa Grandeur le sacrifice que Socrate fit jadis à Esculape : ce qui fit dire à un journal malin que Mgr Dupanloup avait enfin *coupé la tête au gallicanisme.*

En 1874, nous fûmes reçus à Naples chez les bons pères Lazaristes : monter à un cinquième étage était peu de chose, parcourir d'immenses corridors avant de rencontrer sa cellule n'était rien.... Manger le macaroni à l'eau et le céleri cru qui sent le fenouil, ne nous incommodait pas trop ; mais avoir, dans ce voisinage du ciel, une horloge près de sa tête ! c'est affreux. Les pères arrêterent ce tocsin pendant trois jours !

A La Chapelle, toutes les portes de la maison doivent être fermées immédiatement après la prière du soir — à neuf heures moins un quart. — Et de plus on ne peut sortir, de peur de faire du bruit et de réveiller Monseigneur, en rentrant.

Au mois de juillet, quand il a fait une chaleur étouffante pendant toute la journée et qu'on ne respire que la nuit, il ferait bien bon se promener sur la grande terrasse, rêver, causer, prier, travailler même jusqu'à onze heures, en regardant la Loire et les étoiles!...

Mais on aime tant Monseigneur qu'on fait ce sacrifice avec plaisir. D'ailleurs il faut être debout de très-bonne heure, quand on est de la maison.

Au mois de mai dernier, j'eus la mauvaise chance d'occuper une chambre immédiatement au-dessus de la sienne. A onze heures du soir j'entendis un carillon des plus véhéments. J'éteignis vite ma lampe et me jetai dans mon lit.

Le valet de chambre, lui, dut se lever, répondre à Monseigneur et, un moment après, il accourut me prier de ne point remuer de fauteuils sur le plancher. J'eus l'air de dormir profondément ; le domestique pensa que son maître s'était trompé ; — mais le lendemain on me logea à une extrémité opposée et au rez-de-chaussée : on me rendit ma chambre verte.

Mais à cinq heures, à quatre heures trois quarts même, soit hiver, soit été, Monseigneur se lève.

« Mon ami, dit-il, quelquefois c'est le seul moyen d'allonger la vie ; car quand on dort on ne vit pas, on se prépare seulement à vivre (1). »

(1) En voyant Monseigneur sous le dais funèbre, j'ai cru le voir tel qu'il était dans son lit : Les épaules et la tête très-soulevées, les bras en dehors et les mains jointes sur la poitrine.

Eh bien, depuis quelque temps, j'ai une certaine peine de voir Monseigneur trop dormir. Dans notre dernier voyage, il a eu, à certains moments, des assoupissements qui m'ont fait peur — son sang s'épaissit ou peut-être se refroidit ?... Je le crois.

Juillet 1877.

A propos de ce lever matinal qu'il recommandait sans cesse, qu'il recommanda même à la grande séance du Congrès de Malines, son ami, M. de Falloux, lui dit un mot charmant et surtout plein de vérité : « Vous avez prêché d'exemple, Monseigneur ; et vous vous êtes, toute votre vie, levé matin, en arrivant toujours le premier sur la brêche, quand il y avait une vérité à défendre, une morale à propager, un ennemi à combattre. Vous avez eu la primeur de toutes les questions importantes qui se sont agitées en France depuis trente ans, dans l'Eglise et dans la Société. » — C'est vrai.

XIII

Comment il s'habille.

C'est : *Comment il s'affuble,* qu'il faudrait dire : son vestiaire ressemble à la boutique d'un marchand de vieux habits. Il y en a abondamment, mais le fait est qu'il n'y a guère que de ceux-là.

Des douillettes surtout, en quantité. Il en met jusqu'à trois, l'une sur l'autre, ce qui lui donne pour le moment une corpulence très-factice.

Il est toujours en soutane noire, même dans son diocèse, et ne revêt la soutane violette que pour les grandes cérémonies, c'est-à-dire très-rarement. Je ne crois pas qu'il en ait fait faire plus de deux dans les vingt-cinq années de son épiscopat : un liseret de couleur violette sur son pardessus, compose toute la distinction de son costume épiscopal. Cela lui suffit bien et il n'en use pas toujours..

On lui a raconté avant-hier que Monseigneur J.-B. emporte toujours une soutane violette dans sa malle, pour ses moindres voyages, pour aller aux eaux par exemple. On lui a dit en outre que ce nouveau prélat se faisait suivre, comme d'autant d'objets indispensables à sa dignité, de tout l'attirail des cérémonies épiscopales, mitre, crosse, etc., etc., le tout en cas d'être invité à officier pontificalement. Il a pris un air de bienveillante compassion et s'est contenté de dire, en souriant : Cela lui passera, soyez tranquille.

Monseigneur a cependant une grande ceinture noire moirée, qu'il met au moment du dîner, quand il dîne hors de chez lui. Il l'ôte souvent avant d'être rentré.

Il revêt également le soir son manteau de visite. Par un choix qui paraît singulier, il a adopté le manteau romain de préférence au manteau français : « Cela drape mieux un homme, » dit-il. Le fait est que ce manteau a plus d'ampleur et d'élégance même que le manteau français, trop ressemblant à un manteau d'huissier.

En visite, même quand il est à la campagne, Monseigneur fait toujours un supplément de toilette avant dîner, selon le genre des grandes maisons ; absolument comme un homme du monde met son habit.

Etrange remarque : aucune de ses soutanes n'est pourvue de la queue, destinée à traîner dans les cérémonies. Le bas de sa soutane est rond, comme une jupe, à la Romaine enfin. Or, il était vêtu ainsi,

3.

bien avant que la coutume en eût pris en France, avec le rit romain.

« Cette queue est un embarras beaucoup plus qu'un privilége. » Il la supprime, uniquement pour n'avoir point à la relever, à la brosser, à s'en préoccuper enfin. C'est lui, qui n'a jamais voulu en cérémonie ce qu'on appelle un porte-queue!!

Quant à ses vêtements moins apparents, je n'oserais pas trop dire ce qu'ils sont. Difficilement on assignera une couleur à sa culotte. Elle fut très-neuve jadis : voilà tout ce que j'en sais.

En voyage encore, il emporte un grand manteau doublé d'une épaisse fourrure de couleur noire. Un second grand camail en molleton qui fut primitivement violet. Ce dernier sur les épaules, l'autre sur le genoux.

Tout cela est fort naturel : Monseigneur ne se chauffe à peu près jamais ; mais en revanche, on peut dire qu'il disparaît sous les couvertures.

Tout cela est déchiré, raccommodé, luisant. Qu'importe ? pourvu que Monseigneur n'ait ni trop froid en hiver, ni trop chaud en été. — Question d'hygiène et de santé toujours, de propreté ordinairement, de distinction à certaines heures, de recherche et d'élégance jamais.

Or, tout cela est aussi très-raisonné.

Monseigneur tient à sa santé beaucoup ; parce

que c'est le corps qui fait à l'âme ce que saint François de Sales appelle *une bonne assiette*. Il attache au vêtement le prix que mérite un moyen aussi nécéssaire, pour maintenir le corps dans un bon équilibre. — Mais être évêque n'a guère ajouté aux délicatesses de son arrangement personnel.

Il n'a aucun goût pour ce qu'on appelle les couleurs voyantes; il déteste les franges et les galons.

Cette simplicité usitée dans le costume, il la garde dans son ameublement, dans tout le service de sa maison. De grandes salles, des siéges en suffisante quantité, des draperies pour intercepter le soleil trop ardent ou l'air trop vif... Il admet et recherche tout cela ; mais rien pour l'éclat, aucun satisfaction au brillant.

Il n'a dans son mobilier à peu près aucun objet qui lui appartienne. Et il laisse, sans réclamation, l'État lui fournir des fauteuils dont l'étoffe est usée.

« Mes amis, je renouvelle décidément mon linge de table, disait-il, un an à peine avant de mourir. » Quelque bonne âme l'y aura fait penser. Le fait est que c'était bien nécessaire : Allez, Monseigneur, vous pouvez lire sans scrupule la harangue de saint Bernard aux évêques de son temps.. Vous n'offusquez personne « par le luxe des habits, ni par le train de votre maison ! »

XIV

Monseigneur ne joue pas,

J'ignore si Monseigneur avait d'autres habitudes quand il était jeune, quand il était enfant; mais rien ne lui est antipathique comme les distractions qui se font par le jeu, quel qu'il soit.

Il ne joue jamais sa partie de wisth comme le bon archevêque d'Alby, ou comme l'archevêque de Sens. Il ne joue jamais sa partie de billard comme le grave Mgr Plantier, ou comme Mgr Fournier, le spirituel évêque de Nantes. Il ne joue jamais rien. Il se promène, ou plutôt il marche, poursuivant une idée ou une affaire. On dirait qu'il n'y a pas de place pour l'inutilité dans cette vie-là.

Ce soir, j'ai voulu émettre cette opinion que le jeu dans certaines limites, ce que j'ai appelé *la partie en famille*, était non-seulement inoffensif, mais quelque chose d'utile, de moralisateur.

« Ah! Vraiment! Je voudrais bien que vous nous expliquiez cela ? »

Sans désemparer, je lui ai fait mon petit tableau :

1° La détente d'esprit, le délassement de toutes facultés humaines, que procure de soi cette distraction, quand elle n'est pas une passion ;

2° Le grand avantage de rompre un peu avec les conversations où la politique tient toute la place ; avec celles où le prochain est en général si vivement attaqué.

Dans le monde, dans les presbytères même, la conversation après le dîner a souvent de graves inconvénients.

Il pleut, il fait froid le soir ; sortir n'est pas commode. On ne peut pas toujours lire.

Et puis, retenir au foyer le mari, les jeunes gens, est une opération extrêmement morale.

Tout le monde n'a pas un piano et des chanteurs ; dans les familles simples, dans les ménages d'ouvriers, surtout.

Un jeu de domino, d'échecs, de dames, ... des cartes même, dans les limites de la modération, qu'il faut apporter à tout, sont un excellent moyen.

Il a écouté attentivement : « C'est possible, a-t-il répondu sans enthousiasme, voilà des avantages dont je ne me doutais même pas. »

Il a cependant ri de tout son cœur quand un ecclésiastique de la Franche-Comté lui a rapporté qu'un cardinal très-théologien disait à ses prêtres : « Messieurs, j'aime mieux que vous fassiez une *partie* après vos conférences que de passer votre temps à parler mal de l'administration diocésaine.

— Je ne sais pas, a dit l'évêque, si le remède valait mieux que le mal. »

Ce sont en effet des données qui échappent à cet homme éminent. Mais il est très-capable de se montrer désormais moins sévère, favorable même à ceux qu'il regardait comme des délinquants. — Car il a, au suprême degré, l'esprit de justice.

XV

Son goût pour les opprimés.

Mars 1864.

« Mon ami, vous prêcherez demain un sermon de charité en faveur des Polonais réfugiés et il faudra être éloquent !

— Monseigneur, j'avais l'intention de parler sur l'Eucharistie.

— Eh bien, vous leur direz que Notre-Seigneur est caché sous chaque malheureux Polonais qui souffre, et que les secourir est encore une manière de *communier à Jésus-Christ !* »

Je n'ai qu'une ressource, c'est de *le* faire beaucoup parler sur ce sujet, afin de trouver des inspirations, au contact de ses observations : Il me dit des choses très-élevées sur ce qu'il appelle *les trois grandes iniquités contemporaines* : La Pologne, l'Irlande, le Liban... « La Pologne a été le boulevard de l'Islamisme, s'écrie-t-il ! Il y a là plus qu'une cause humanitaire et sociale ; c'est une thèse éminemment religieuse. »

— Merci, Monseigneur, merci. Je vais me recueillir.

— Allez et travaillez bien. »

Cet homme a une horreur instinctive de l'oppression, un goût ardent pour les opprimés. Ceci constitue la nuance la plus belle de son libéralisme.

Il est le centre de cette pléiade intelligente, éloquente, qui a semblé prendre sous sa protection les opprimés de l'univers...

Disciple *en ce point* de Lamennais, qui a écrit de si belles apostrophes avec ce refrain consolateur : O Pologne, Pologne : Ils ont dit que c'était ta tombe, et moi je soutiens que c'est ton berceau ! Compagnon de Montalembert, l'auteur de l'éloquent écrit qui a pour titre : *Une Nation en deuil;* maître de ce remarquable oratorien (1) qui vient de publier *ses Études sur l'Irlande*, l'évêque d'Orléans reçoit et communique tour à tour les plus nobles inspirations par lesquelles la liberté individuelle et la liberté publique puissent être vengées.

C'est ainsi qu'il nous élève, qu'il nous forme dans son moule !

Je viens de relire sa lettre pastorale sur la Pologne... Elle est sublime. Répondant à l'accusation

---

(1) L. P. Adolphe Perraud, depuis evêque d'Autun.

portée contre ce qu'on a appelé les *passions insurrectionnelles* de ce peuple martyr, contre la protection que leur prodigue la démagogie, d'accord en ce point avec les plus ardents amis de la liberté : « Je craignais, s'écrie-t-il, de voir arriver les vautours ! Grâces immortelles en soient rendues à Dieu ! Je n'ai vu que des aigles ! »

Protestations souvent inutiles, mais qui donnent au moins à ceux qui osent les produire la satisfaction considérable d'avoir, comme il le dit après saint Paul, *libéré son âme !*

XVI

Un homme jugé.

Je suis sur le bord de l'Océan, dans une villa très-modeste et très-calme, où j'attends presque Monseigneur. Quoique, à la vérité, il aime mieux les montagnes que la mer.

Au lieu de venir, il m'écrit et m'exprime en termes sévères son étonnement d'apprendre que, « *dans un pays où je suis, un pareil homme ait pu obtenir quelque crédit!* »

Cette homme est un Polonais venu ici avec l'intention de fonder un orphelinat d'enfants abandonnés, ou plutôt recueillis de l'infortunée Pologne.

L'œuvre est sympathiquement acceptée. Celui qui la propose semble mériter toute créance : le bon vieux curé à qui il s'adresse (patronné par une personne de sacristie qui a pris à cœur son patriotique dévoûment) veut avoir mon avis. Je me risque à demander des références.

Avec une parfaite assurance de lui-même, le futur fondateur me présente deux amples recommandations, en termes à peu près identiques : l'une des deux signatures était celle de l'évêque d'Orléans, l'autre celle de l'évêque de Poitiers..., rapprochement qui me pénétra d'une satisfaction à laquelle je ne voulus pas trop m'abandonner :

Car, en ces temps ils vivaient l'un et l'autre : et leurs vertus si éminentes de part et d'autre ne se rencontraient pas souvent, même sur un terrain aussi neutre que celui-ci.

« Monseigneur, répondis-je, cet homme a produit une approbation chaleureuse portant votre signature.

— C'est un faussaire ; dites-lui qu'il ose montrer un mot signé de ma main. La bonne foi de ce bon curé a été surprise. »

La signature en effet était un imprimé, comme n'importe qui en peut produire.

J'ai dit ce que je savais aux protecteurs locaux : mais, hélas ! être écarté par l'évêque d'Orléans devenait un motif pour être agréé par d'autres.

Il le fut en effet : on jeta dans mon jardin à ce sujet plus d'une pierre qui n'était pas lancée par des mains amies...

Jusqu'à ce que... jusqu'à ce que, après de coûteux établissements, après des prospérités momentanées, où l'esprit de parti domina le zèle religieux, celui qui avait abusé de l'un et de l'autre prit la fuite, emportant une caisse considérable... La correctionnelle ou les assises même terminèrent cette triste épopée.

Ce que Monseigneur ayant appris, il se contenta de dire : « Ça ne m'étonne pas ! »

Et je découvris une fois de plus son coup d'œil à discerner certains hommes : car il avait vu celui-ci une fois seulement et il l'avait repoussé : sa fermeté à résister à ce qu'il croyait le mal, même quand ce mal prenait les dehors d'une bonne œuvre; son humilité après que l'événement lui avait donné raison : car jamais plus il n'a parlé de cet incident.

XVII

Sa voiture et ses chevaux.

Ni voitures, ni chevaux; voilà comment il faut dire, car il n'en a d'aucune sorte.

Je me trompe; il a, à La Chapelle, au séminaire, une mauvaise petite berline qui a bien coûté (d'occasion bien entendu) huit cent vingt-cinq francs: elle est palissadée à l'intérieur d'un fourreau en étoffe de Perse, beaucoup moins destiné à préserver le drap primitif qu'à en voiler les misères persistantes. Une bonne bête grise dont le pas majestueux se ressent du service quotidien qu'elle fournit au noria de l'établissement. Un cocher, vrai type de domestique de séminaire, en veste ronde et en chapeau gris, conduit prudemment Monseigneur en répétant de temps en temps : « Allons, ma poule, allons !... »

Et voilà tout l'attelage.

De La Chapelle à Orléans, d'Orléans à La Chapelle, il n'en faut pas plus.

Quand Monseigneur faisait ses visites pastorales,

il prenait tout simplement une voiture de louage ; et Mgr de la H... qui fait en ce moment ce travail à sa place, l'accomplit de la même sorte.

En général, la voiture et les chevaux semblent faire partie intégrante du train épiscopal : on les compte dans le trousseau du nouvel élu comme on se préoccupe de son anneau pastoral, de ses boucles d'or aux chaussures, de l'exergue à écrire sur ses armoiries, etc., etc.

Pour plusieurs cela a l'attrait de la nouveauté, j'allais presque dire le charme de l'inconnu : car peu des évêques de notre temps ont été bercés dans ces aises de la vie : ce qui n'a rien de malheureux.

Ajoutons que, il y a une vingtaine d'années, l'absence de chemins de fer, la difficulté des routes rendaient autrement impérieux les moyens personnels de locomotion.

Un évêque partait en tournée pour un mois, pour six semaines ; il allait de village en village, donnant à chacun une journée, une demi-journée : la jeunesse du pays requérait à cette occasion toutes les juments poulinières qu'on affublait d'une aubarde très-classique, à défaut de selle. L'évêque arrivait au milieu d'une véritable ovation ! Il repartait de même.

Ceci se pratique encore dans quelques contrées, un peu plus primitives que les autres. Mais, en général, l'évêque retourne plus souvent chez lui qu'autrefois et use beaucoup plus du chemin de fer que de sa propre voiture.

Aussi peu à peu les équipages épiscopaux disparaissent : et les adeptes de Mgr Dupanloup en ce point vont se multipliant.

C'est plus économique : cela laisse plus de ressources aux œuvres épiscopales, si nombreuses, hélas! et si souvent menacées ! A tous les points de vue, ce n'en est que plus édifiant.

Encore le mot de saint Bernard : *Non equorum fastu*, et tout le reste.

Janvier 1871.

P.-S. — Mais *ses voitures et ses chevaux* sont plus nombreux qu'il n'y paraît. Que de familles lui envoient les leurs à point nommé, dès qu'on peut se douter de l'utilité actuelle qu'il en a! Il accepte souvent ces offres avec reconnaissance. Il fait des heureux : et il lui reste plus d'argent pour ses œuvres.

XVIII

Un catéchisé de 1831.

M. Montiny sort de chez moi, et il a l'attention de m'apporter une scène en vers, intitulée *le Dernier Réveil de la Reine*. C'est l'Évêque d'Orléans qui lui a dit : « Faites donc une scène sur Marie-Antoinette. » Et le poëte a obéi, comme tous les amis de cet homme lui obéissent. Ces vers sont vraiment beaux.

A ce propos, M. Montiny me raconte des faits déjà bien anciens, mais bien intéressants pour quiconque a résolu de fouiller dans la mémoire de ce prélat.

Je le laisse parler, et j'allais écrire sous sa dictée, quand la pensée me vient de lui demander une *note*. Il me la promit et d'une façon très-aimable il me l'envoie ce matin. C'est une bonne étrenne dont je le remercie :

1ᵉʳ janvier 1879.

« Cher Monsieur,

Je vous envoie la note promise ; à vous de corriger mes imperfections au profit de vos lecteurs.

. . . .

Avec toutes mes sympathies

J. Jullienne-Montiny. »

Je ne changerai rien à ce qui suit et mes lecteurs m'en sauront gré.

« En 1831, j'étais arrivé à l'âge où l'on se prépare à sa première communion ; l'évêque d'Orléans était alors simple vicaire à la Madeleine, ou plutôt à l'Assomption, une église presque abandonnée, située à l'angle de la rue du Luxembourg et de la rue Saint-Honoré. C'est dans la chapelle Saint-Hyacinthe, ainsi baptisée du nom de l'archevêque de Paris, Monseigneur de Quélen, et qui tenait à notre paroisse, que l'éminent prélat nous adressait ces instructions que, après bientôt cinquante ans, je ne saurais oublier. J'ai entendu depuis les plus grands prédicateurs, et je dois dire que leur parole, si éloquente qu'elle fût, ne m'a jamais paru aussi touchante que celle de l'abbé Dupanloup. Dans ses simples improvisations, il s'est élevé assurément à une hauteur qu'il n'a jamais su atteindre dans ses discours les mieux préparés. — Au catéchisme, sa foi brillait dans ses regards ; les inflexions si puissantes et si douces de sa voix nous émouvaient au dernier point. Un nouvel apôtre était descendu au milieu de nous ; son cœur attirait les enfants à lui, et les enfants lui répondaient par des larmes abondantes, qui purifiaient leur âme, et semblaient les mettre en communion déjà avec le Christ qu'ils apprenaient à connaître, à adorer, à aimer, à servir.

« Après notre première communion, l'abbé Dupanloup ne pouvait se décider à se séparer de nous ; il fonda l'académie *Saint-Hyacinthe*, catéchisme de persévérance, dans lequel nous faisions l'analyse de cours religieux. — Je ne brillais pas dans ce travail, mais mon frère aîné, Alexandre Jullienne, préfet de cette académie, a écrit un recueil, malheureusement inédit, et que je cherche à retrouver. Dans cette académie se trouvaient MM. de Falloux, Jules et Albert de Résséguier, de Grammont, les trois de Breteuil, les fils du Prince de Polignac, les fils du Maréchal Gérard, de Labedoyère, Adrien de Mun, les deux de Latour-Maubourg, les de Carayon-Latour, Cardon de Saudrans, de Nadailhac, de Trogoff et bien d'autres que j'oublie. — Je ne sais pourquoi l'académie de Saint-Hyacinthe fut désignée comme une réunion hostile au gouvernement de 1830. On la supprima. Monseigneur de Quélen voulut nommer alors l'abbé Dupanloup curé de la Madeleine, le Roi Louis-Philippe s'y opposa.

« Au milieu d'une lutte assez longue entre le Pouvoir et l'Archevêque de Paris, M. Bezelin fut désigné pour être notre pasteur ; une division déplorable dans le clergé de notre paroisse éloigna l'abbé Dupanloup, qui fut nommé à Saint-Roch. Bientôt, il devint supérieur du séminaire Saint-Nicolas-du-Chardonnet. Tout le monde sait comment il est devenu en peu de temps évêque d'Orléans ; le reste de sa vie appartient à l'histoire.

« Après la guerre, désireux de retrouver ceux que j'aimais, je vins frapper à la porte de l'évêque ; il demeurait alors à Versailles, dans une ancienne propriété de Mme de Maintenon. Dès que je me fis annoncer, il m'arrêta : « Halte-là, me dit-il, il y a quarante ans, mon enfant, que je ne vous ai point vu ; je voudrais savoir si je vous aurais reconnu en vous rencontrant par hasard. Oui, ajouta-t-il, et vous, m'auriez-vous reconnu ? — Sans doute, répondis-je embarrassé, avec les yeux du cœur. »

« Je voudrais, Monsieur, pouvoir vous rapporter tout notre entretien, mais ce serait trop long et trop difficile. Je lui parlai de ma famille, à laquelle il s'est intéressé, de mes distractions littéraires, qu'il ne connaissait guère ; je lui chantai même une chanson de moi, *les Canards*, qui l'amusa beaucoup et le fit bien rire. Il profita de l'occasion pour me demander d'écrire une scène sur Marie-Antoinette et son conseil fut un ordre. Puis, quand je sortis il s'écria : « Vous ne me demandez donc pas ma bénédiction ? — Cela prouve, Monseigneur, que j'en suis indigne. — Allons donc, ajouta-t-il vivement, venez m'embrasser ; c'est ma vieille manière de bénir mes enfants. » Depuis, j'ai revu plusieurs fois l'évêque d'Orléans, il m'a écrit, pour m'inviter à dîner à Bon-Repos ; mais, il venait de fonder *La Défense*…. Je restai éloigné, c'est ainsi que parfois la politique, hélas ! nous sépare de ceux que nous aimons le plus.

« Veuillez recevoir, cher Monsieur, mes sentiments affectueux, avec toute ma considération.

« JULES JULLIENNE-MONTINY ».

Encore un souvenir :

L'évêque d'Orléans aimait nous conduire, une ou deux fois par an, à Issy, au grand séminaire. Nous partions en troupe, nous déjeunions, nous dînions sur l'herbe avec du lait, de la viande froide, des fruits.

L'abbé Dupanloup jouait merveilleusement à la balle contre le mur. Il aimait à courir avec nous. Il organisait des parties de barres. Quand nous étions fatigués, il nous contait des histoires de voleurs.

Je pourrais peut-être me les rappeler.

L'hiver, l'abbé Dupanloup nous réunissait chez lui, le soir, par groupe de quinze à vingt.

Il nous faisait jouer des charades, qu'il imaginait avec infiniment d'esprit.

XIX

Allocution aux mères chrétiennes. — Son goût pour la famille.

Les *mères de famille* : c'est là le champ le plus recherché de son zèle, de son activité, de son influence.

Il les appelle « une de ses meilleures puissances pour le bien ».

Il est le père, le conseiller, l'ami de toutes les mères. Il les reçoit, il les confesse... Il les *dirige* surtout.

Il s'intéresse à l'avenir de leurs fils, au sort de leurs filles. Il pousse jusque-là l'effectif de son dévouement, de s'occuper de mariages. Il a des projets, des combinaisons qu'il propose ; et souvent, avant de quitter un de ses amis, il lui dit : « Vous devriez bien trouver un bon parti pour M. *un tel*, — il est charmant... il est procureur à Z... »

Ou bien : « M. L... voudrait bien marier sa fille ; vous qui avez des relations, vous pourrez bien l'y aider. »

Et si on lui répond ; « C'est possible, Monseigneur... », alors il prend la balle au bond :

« Il ira vous voir demain. Je vais lui écrire pour lui dire vos dispositions, etc. »

Serviable, vraiment serviable pour ceux qu'il aime — pour tout ce qui est LA FAMILLE, surtout.

Monseigneur est arrivé hier au soir, et, ce matin, il a présidé, à Saint-Euverte, la réunion des mères chrétiennes d'Orléans. L'église est grande et belle ; la nef était à peu près remplie. Évidemment, toute la société, toute la bourgeoisie orléanaise, et même tout le petit commerce étaient là. C'était un bel auditoire... dès huit heures du matin. Grand sacrifice que beaucoup d'entre ces dames font à Monseigneur de se mettre en campagne si matin, mais aussi grand sacrifice que Monseigneur leur fait, de dire la messe aussi tard. Huit heures pour lui, c'est midi pour un autre. Mais ces mères chrétiennes d'Orléans, c'est une des œuvres par excellence de l'Évêque.

Monseigneur leur adresse une allocution... très-amilière d'abord. Il leur exprime la joie qu'il a de son retour, l'impression heureuse qu'il a éprouvée hier en trouvant enfin de *l'herbe* dans les rues de sa bonne ville, au lieu de ce macadam fatigant de

Paris. *L'hèrbe*, cela voulait dire la paix, la tranquillité, la possibilité de *marcher* à pied, de mener une vie régulière et surtout de se coucher à une heure convenable.

« Le règlement de la journée ne dépend pas de l'heure à laquelle on se lève ; il dépend de l'heure à laquelle on se couche ; car le corps a des droits imprescriptibles... » Et Monseigneur rappelle ce que l'hygiène, le bon équilibre de la santé concèdent et demandent d'heures de sommeil, dans les circonstances ordinaires : *neuf heures au plus*.

Il signale, d'une façon pittoresque et qui semble un peu exagérée, les abus résultant des habitudes contraires : « La France est malheureuse, la France est démoralisée : il y a cent autres motifs, dit-il, il y en a mille ; en voici un des plus graves : c'est *parce que l'on ne se couche pas à dix heures du soir.* »

Il dit cela avec une telle animation qu'aucune de ses auditrices ne sourit.

Il part de là pour montrer la mère de famille, la *maîtresse de maison*, comme il l'appelle, se levant comme une aurore, comme un soleil, pour éclairer ce royaume du foyer, ce petit monde de la famille. Et il décrit ce domaine de l'affection, réglé de bonne heure ; chacun à son devoir, chaque objet à sa place, sous la direction de la mère : le mari, les enfants, les serviteurs, tous enfin ; la propreté, l'ordre, l'économie, la distinction, la fortune du présent et le bonheur de l'avenir... Tout cela ordonné, conquis, assuré, à une heure de la matinée où la femme, non point paresseuse peut-être, mais victime des obligations mondaines, n'a nullement eu le temps de s'occuper des autres et ne s'est occupée d'elle-même que pour se reposer. »

Le contraste est frappant... La conclusion est pratique : je viens de prendre, parmi ces originalités de forme et un peu de vues, une bonne leçon. Jamais je n'avais aussi bien compris cette page de la Bible : « Ce soleil, ce royaume du foyer, » cette femme-maîtresse... on voyait tout cela.

C'est singulier ! comme cet homme, qui parle aux académiciens leur langage, parle à cet auditoire *le sien !*

Il va, de la fin à la fin, d'une extrémité de l'ordre social à l'autre extrémité, sans négliger ce qui est au milieu.

Belle intelligence, nobles facultés, homme de bien et de zèle surtout : voilà ce qu'il me révèle de plus en plus, à mesure que je l'étudie davantage.

XX

Une allocution aux ouvriers.

Partout où il préside, il parle; et ce qu'il dit n'est jamais banal.

Hier au soir c'était au cercle d'ouvriers. Etaient-ils donc fiers ces braves gens, d'avoir avec eux leur grand évêque ?..

Il leur a dit ceci :

« Mes amis, j'éprouve un très-grand plaisir de me trouver ce soir au milieu de vous. Et je ne peux pas dire que je ne sais pas d'où me vient ce plaisir ; car je le sais, je m'en rends parfaitement compte et je veux vous l'expliquer :

« Ce plaisir vient de ce que vous êtes des *ouvriers* et des *chrétiens*. »

C'était bien simple assurément... Or, sur ces deux mots, exposés séparément d'abord, expliqués dans leur union ensuite, *ouvriers-chrétiens*, il a dit des choses d'une simplicité et d'une élévation, d'une force et d'une grâce très-considérables.

Il est maintes fois interrompu par des applaudissements ; cela va sans dire.

Voici ce qui me frappe :

Mgr Dupanloup est un orateur toujours *local*. Il regarde autour de lui et s'inspire des êtres, hommes et choses, que son regard rencontre. Ce vernis d'actualité, reposant sur un fond de doctrine, donne à tout ce qu'il dit un charme incomparable ; sa puissance est là.

Non point qu'il improvise absolument : Je ne le crois pas. Mais cette considération des êtres présents, il la pratique depuis son cabinet, avant de venir devant son auditoire : c'est là sa principale préparation.

L'œil du corps voit pendant son discours les détails qui n'auraient pas été *prévus* par l'œil de l'esprit.

Tout y est alors.

Encore une bonne leçon ce soir : et je la résume ainsi : *Parler toujours aux présents, et traiter toujours son sujet.*

Orléans, 10 décembre 1867.

XXI

Une causerie sur saint Paul.

Voici certainement une de ses œuvres par excellence ; son petit séminaire de La Chapelle : il m'explique lui-même la haute idée qui présida à cette création : c'est une *double pépinière de prêtres pour l'église, d'honnêtes gens pour la société.*

C'est précis et beau, élevé et pratique : et c'est fait : car la maison est dans la plus complète prospérité.

« Je vous en montrerai un coin aujourd'hui même si vous le voulez, mon ami ; ce sont mes dix-neuf jeunes gens de la *division supérieure.*

— Bien volontiers, Monseigneur. »

A trois heures nous nous rendons dans une salle, au milieu de laquelle se trouve une grande table ovale. Les dix-neuf sont rangés autour. A l'une des deux extrémités sont placées trois chaises encore vides. L'évêque me met à sa droite, M. Hesstch est à sa gauche.

Tous ces jeunes visages sont rayonnants et moi,

j'observe : on s'assied. « Messieurs, dit Monseigneur, en souriant : M. G... qui a beaucoup travaillé, dans ce dernier mois surtout, et qui a le droit de perdre un peu de temps, veut bien assister à notre leçon de ce jour.

— Monseigneur ; si j'avais quelques droits au repos, je n'en pourrais trouver de plus honoré, ni de plus fructusux qu'ici. » Nouveau sourire et gracieux assentiment.

La leçon commence :

Monseigneur pose devant lui un très-volumineux cahier relié, dont la tranche, coupée par des signets nombreux et des lettres initiales, le fait ressembler à un vrai *répertoire*. Et voici à peu près ce qu'il dit :

« Messieurs, j'ai l'intention de vous faire juger un des plus grands hommes que la Religion chrétienne ait produits, le plus grand peut-être : nous allons étudier *saint Paul*.

« Or, Messieurs, pour étudier et pour juger un homme, il y a un *critérium* infaillible et je pourrais dire qu'il n'y en a qu'un. C'est de savoir *ce que cet homme a aimé :* car on aime avec le cœur : et l'homme n'est grand, l'homme n'est quelque chose que par le cœur. L'homme tout entier est dans son cœur.

« C'est la théorie de Bossuet ramenant à *deux* toutes

les passions: à *l'amour* et à *la haine*. Et encore même la haine peut n'être pas comptée ; car l'on ne hait véritablement quelqu'un ou quelque chose que par opposition à ce que l'on aime.

« Donc, Messieurs, pour juger saint Paul, il s'agit de rechercher et il suffit de savoir ce qu'il a aimé.

« Et cela, il faut le chercher dans ses paroles et dans ses œuvres ; ou, pour mieux le rapprocher du Sauveur qui fut son modèle, dans ses œuvres d'abord, dans ses leçons ensuite : si ce n'est que les unes concordent tellement aux autres que, pour lui, parler et agir ne furent toujours qu'une même chose : *unum et idem*.

« L'unité que l'on découvre ici est quelque chose d'étonnant ! C'est admirable !

« Eh bien, Messieurs, je trouve tout naturellement que saint Paul a aimé Dieu et qu'il a aimé les hommes.

« Voici maintenant ce qu'il a fait et voici ce qu'il a dit en témoignage de ce double amour dont son cœur était rempli.... »

C'est ici que le volumineux cahier a eu son utilité et que l'orateur — car la causerie devenait un discours — citait, traduisait, commentait, un à un, ces grands textes où l'Apôtre, sans rien perdre de son humilité, raconte ses sublimes travaux, ses incomparables entreprises pour *Dieu* et pour les *hommes*...

C'est alors que se déroulèrent ces affirmations, ces désirs, où l'on dirait que le cœur de l'Apôtre va éclater d'amour ou se fondre de tendresse, quand il parle de son Seigneur Jésus, ou quand il écrit à sa chère église d'Éphèse !

Les docteurs, deux surtout, saint Chrysostome et Bossuet sont appelés à ce commentaire et j'avoue que je n'avais jamais compris ausssi bien que ce jour-là le grand Apôtre des nations.

L'évêque a en quelque sorte fouillé son cœur, il l'a mis à nu, vidé, en étalant ses richesses devant son jeune auditoire.

C'était beau et c'était bon.

« Saint Paul a donc aimé Dieu et les hommes : c'est évident.

« Et si vous me demandez, en finissant, lequel de ces deux objets il a le plus aimé, de Dieu ou des hommes, je serai fort embarrassé pour vous répondre. »

L'intérêt redouble devant cette suspension en apparence singulière, très-artistique d'ailleurs. « Et ne soyez pas étonnés de mon ignorance, mes amis, car saint Paul semble ne pas le savoir lui-même...

« Au bout de sa carrière, il pousse ce grand cri : *Je suis partagé, resserré, contraint entre deux sentiments : je desire mourir et être avec Jésus-Christ, je trouverais meilleur de demeurer auprès de vous.*

« La vérité est, Messieurs, que ces deux grands amours n'en faisaient *qu'un* dans son cœur : Il aimait Dieu dans les hommes et il aimait les hommes en Dieu et pour Dieu. Il vécut dans cet amour et de cet amour ; il en mourut et il y mourut. »

Une note de journal n'est pas même une analyse. Je prends celle-ci sur une impression toute chaude encore.

J'aime autant l'avoir entendu là que dans un discours dans la cathédrale. Je le voyais de si près !

En sortant, je me suis contenté de lui dire : « Monseigneur, merci de cette leçon. Je voudrais être souvent votre écolier ; cela m'aiderait à devenir votre élève. »

Il a souri d'un air de bonhomie qui semblait dire : « Allons, vous n'êtes pas un exagéré flatteur. »

La Chapelle Saint-Mesmin, juin 65.

XXII

M. de Charette. — Une soirée au Palais.

Quelle charmante scène hier soir : charmante et triste à la fois. M. de Charette, appelé à Rome par un télégramme du Saint-Père, a voulu passer par Orléans en partant. Il est venu prendre l'avis de Monseigneur. Ils ont longtemps causé ensemble, en se promenant dans la grande salle : je me disais en les voyant ainsi : Voilà *deux chefs* qui se ressemblent par plus d'un aspect. L'épée du combat sied aussi bien à l'un qu'à l'autre. L'évêque a la bouillante ardeur d'un jeune homme ; le soldat prise sa vie comme s'il était déjà un vieillard, et tous deux se battent pour la même cause, l'Église, le Pape.

Ah ! je conçois que le commandant des zouaves de Pie IX n'ait pas voulu partir, en ce cas de péril extrême, sans venir demander sa bénédiction à l'intrépide évêque..

Il a amené sa petite fillette qui a trois ans à peine, et sa belle-mère Madame la duchesse de Fitz-James à qui il l'a confiée ; car M. de Charette est veuf.

Nous lui faisons nos adieux à cinq heures et il part, laissant les objets de sa tendresse, pour aller défendre l'objet de sa vaillance. Tout cela vient du cœur.

Le soir, après le dîner, au salon, tout le monde était triste. L'enfant se livrait au contraire à une gaieté folâtre : elle sautait et roulait sur les tapis, allant de sa grand'mère à Monseigneur, de Monseigneur à chacun de nous :

« Pauvre enfant, dit Monseigneur ; elle ne se doute pas que son noble père va peut-être se faire tuer là-bas. Il y va lui aussi avec une simplicité d'enfant. Mais cette petite le sauvera; car Dieu ne voudra pas lui enlever son père, » — ajouta-t-il, en se tournant vers la duchesse.

Nous avions tous envie de pleurer.

Depuis ce jour, je l'avoue, j'ai suivi avec la plus sympathique anxiété le sort de M. de Charette, à Mentana, à Patay, partout ; et je l'ai toujours trouvé *lui*.

Je lui ai serré la main devant le cercueil de ce même évêque, dans ce même palais où sa petite fillette jouait sur les tapis!...

Que de projets, que d'hommes, que d'actions ont convergé là.

C'était un centre, où aboutissaient des rayons innombrables.

XXIII

Ses receptions du dimanche soir.

Le *Figaro* (qui a si noblement vengé sa mémoire) a publié, sous la signature de M. Fernand de Rodays, un article un peu humouristique dans lequel il parle des réceptions de l'évêque d'Orléans, « fort recherchées des dames, parce que l'on n'était pas tenu d'y aller en robe montante. »

C'est une facétie qui n'est pas de bon goût et dont je peux facilement donner l'origine et l'explication.

Voici ce que me dit mon journal du 15 mars 1874 :

Je viens d'assister à une de ces réceptions du dimanche soir auxquelles je ne m'étais pas trouvé depuis dix ans et dont j'avais tant entendu parler, à l'époque où le gouvernement de l'empereur défendit à ses fonctionnaires de les fréquenter.

Il y a donc là beaucoup d'officiers, de magistrats ; la fine fleur de l'aristocratie orléanaise — celle surtout qui vit moins dans l'intimité de l'évêque et qui pour ce motif saisit ces occasions de le rencontrer. Je vois arriver un certain nombre d'ecclésiastiques — ceux à qui cette façon large d'agir ne déplaît pas ; car, dans la tribu sainte, beaucoup en critiquent la mondanité.

Le Prélat reçoit tout ce monde avec une distinction, une aisance qui ferait envie à une duchesse du Faubourg Saint-Germain.

Il voit une première fois chaque personne ou chaque famille à leur arrivée. — Dans le courant de la soirée, il se promène de groupe en groupe, de façon à dire avant la fin quelques mots à chacun... Çà et là il entremêle quelques rendez-vous d'affaires, quelques réponses officielles...

Pendant ce temps nous offrons des glaces et des oranges glacées, percées par un petit poignard d'argent, pour qu'on les puisse prendre sans les toucher des doigts...

On cause loterie, prédications et bonnes œuvres : vers neuf heures moins un quart, les départs commencent : Monseigneur se dirige vers la porte ; peu à peu le mouvement de sortie s'accentue.

Même cérémonie qu'à l'arrivée : Au revoir, à dimanche prochain ; car cela durera jusqu'au dimanche de la Passion inclusivement. Nous sommes bientôt seuls, dès avant que neuf heures sonnent :
« Ils me font bien plaisir en venant aussi nombreux, me dit le prélat ; mais ce qu'il y a de bien, c'est que

ils s'en vont tous exactement à l'heure voulue. » Cela dure donc en tout une heure et quart, pas plus. Du reste, plus d'une fois, quand Monseigneur est très-fatigué, il s'esquive avant la fin. Sous prétexte d'aller chercher une image, une médaille, un livre qu'il veut remettre, il rentre dans sa chambre et n'en ressort pas.

En somme, ces réunions, un peu étranges je le reconnais, un peu parisiennes, un peu aristocratiques, sont une fort bonne invention : elles amènent à l'évêché bien des gens qui n'y viendraient pas ; or, de l'évêché à la cathédrale, il n'y a qu'une rue à traverser. Elles font se rencontrer dans une certaine fraternité, des personnages qui d'habitude ne se fréquentent pas. La Société orléanaise — ce qu'on appelle l'aristocratie — est très-collet-monté et beaucoup attendent le retour du Roy pour recevoir les fonctionnaires.

Ces invitations acceptées de l'évêque font prendre l'habitude de répondre affirmativement à des invitations d'un autre genre.

Singulière visée : les réceptions du dimanche soir en carême préparent la grande retraite pascale. — Car le dimanche des Rameaux, la réunion continue ; seulement elle a lieu au pied de la chaire : et c'est encore Monseigneur qui reçoit et qui parle.

Il faut être lui, pour adopter de semblables

moyens : mais ce qu'il appelle le *sursum corda* de la vie lui est on ne peut pas plus familier.

Et les robes non montantes??
Je déclare n'en avoir jamais vu : seulement à une de ces soirées d'hiver, j'entendis une dame dire à une autre : Il fait très-froid et les grands salons de l'évêché ne sont pas assez chauffés : Nous pouvons bien garder nos palatines.

La raison en était que ces dames allaient, au sortir de l'évêché, dans le monde où la robe montante n'est pas de mise : et, pour ne point rentrer, afin de refaire une toilette nouvelle, elles avisaient par un vêtement supplémentaire.

Mais jamais, ni dans les salons de l'évêque, ni encore moins à sa table, on n'a vu ce qui s'appelle une femme décolletée...

Monsieur Fernand de Rodays est un aimable facétieux... Mais il est des hommes et des choses sur lesquels il ne faut pas rire !

XXIV

Une lettre de direction.

Voici une lettre qui n'est pas tendre, ou plutôt qui admet bien la sévérité dans la tendresse :

Une tache d'encre tombée sur cette lettre oblige le secrétaire à la recopier. Il la met dans sa poche, après.

Toute discrétion est d'ailleurs parfaitement sauvée, car Monseigneur a mis l'adresse.

« Mon enfant, c'est avec un profond chagrin que je viens de lire votre lettre. Je ne veux pas vous taire que j'en recevais en même temps une de votre mari, et que votre mère m'en avait adressé une autre, il y a trois jours.

« Ce qu'il y a de plus clair, c'est qu'aucun de vous n'est satisfait, et que, au contraire, vous êtes tous malheureux avec des éléments très-considérables de bonheur.

« Je ne vous dirai pas ce que j'ai répondu à madame votre mère, ce que je répondrai à votre mari. Vous vous communiquerez peut-être mes lettres, quand la paix parfaite sera rétablie ; et il faut qu'elle se rétablisse immédiatement.

« Laisser les choses en l'état où elles sont, serait une imprudence, qui aurait les plus graves conséquences : ce serait, à chacun et à tous, une grande faute.

« En ce qui vous concerne et pour la part qui vous revient à cette restauration nécessaire, je vois surtout une chose à vous dire :

« Vous n'aimez pas assez votre foyer ; le goût que vous conservez pour la maison paternelle est excessif, du moment qu'il vous empêche de vous attacher à votre maison à vous.

« Votre mari aime beaucoup votre père et votre mère ; mais il se plaint qu'on est toujours en route pour N...

« Cela l'empêche de mener à bonne fin les travaux qu'il a entrepris, et dans l'achèvement desquels je l'ai beaucoup encouragé, parce que le travail est la sauvegarde de l'honneur et de la vertu.

« J'avais même compté et presque promis que vous l'y aideriez, que vous étudieriez ensemble pendant quelques heures chaque jour, et que son livre mériterait en quelque sorte de porter deux signatures.

« Au lieu de cela, vous êtes constamment en mouvement.

« Vous ne retenez pas assez votre mari chez vous.

« C'est un tort.

« La semaine dernière, vous avez voulu partir malgré un froid très-aigu, et votre enfant a pris mal en voyage.

« C'est un vrai grief qui vous est imputé.

« Tout cela, mon enfant, c'est le désordre qui ne peut pas mener à bonne fin.

« Il est temps de réagir, doucement mais fortement.

« Émile est bon et souffre encore plus qu'il ne se plaint.

« Il faut une mesure à tout.

« A part des exceptions pour des motifs importants, faites-vous un règlement pour vos visites à N..., comme pour tout le reste.

« Une fois tous les trois mois me paraît bien raisonnable, — en hiver surtout.

« Il faut être bien attaché à quelqu'un pour lui parler avec cette fermeté : mais mon cœur la regarde en ce moment comme nécessaire.

« Répondez-moi que vous acceptez tout, et dites-le-lui avant de me l'écrire.

« Je vous bénis respectueusement et affectueusement en Notre-Seigneur.

« *P.-S.* Ne dites pas que ces voyages sont une économie ; votre mari les trouve fort dispendieux.

« Je compte recevoir trois nouvelles lettres qui me diront que tout est arrangé. Il le faut, et le premier pas vous regarde. »

† F.

XXV

Comment il attend.

Il serait plus exact de dire : Comment il n'attend pas.

Ah! le cher homme! est-il impatient? Concevoir et produire ne fait qu'un dans sa tête, dans son action.

Je lui ai parlé de M. B... comme d'un homme très-capable, précieux pour la direction d'un journal. Je l'ai convaincu facilement, car la preuve de la valeur de M. B... était belle entre nos mains. J'avais vingt volumes d'importantes publications à lui montrer.

« Où donc est-il votre M. B...

— Dans l'extrême midi, monseigneur.

— Faites-le venir tout de suite.

— Mais, Monseigneur, je ne sais pas très-positivement où il est, car nous sommes en plein carême et il en prêche certainement la station quelque part.

— Informez-vous immédiatement et télégraphiezlui de venir aussitôt, en l'avertissant, bien entendu, que tous ses frais de voyage lui seront largement remboursés. »

Le lendemain nouvelle lettre :

Avez-vous télégraphié à M. B... Quelle jour et à quel heure me le conduirez-vous ? Ca serait très-bien si vous le meniez déjeûner demain à Viroflay ?

— Mais, monseigneur, M. B... est à Lodève, plus loin que Carpentras, au delà de Pézenas ; c'est au bout du monde... Et cependant il partira dimanche soir en descendant de chaire, arrivera lundi soir à Paris, et mardi matin nous déjeunerons à Viroflay.

— A la bonne heure : voilà qui est intelligent et dévoué. »

M. B... est venu : Monseigneur l'a trouvé très-supérieur à ce qu'il voulait de lui. C'est plutôt un directeur politique, littéraire, qu'un administrateur de journal.

On lui paie largement ses frais et il repart : mais Monseigneur dévore en ce moment la vie de saint Thomas d'Aquin. Et il prend en grande estime l'auteur d'*Emilia Paula*.

Seulement le libraire V... est furieux que son compatriote-auteur ait mérité des approbations d'un évêque..... « qui n'y connaît rien. »

M. V... s'appelle *Louis*, et son nom commence par un V... Lettre fatale à l'évêque d'Orléans : *Væ!*

Mais c'est égal, si l'auteur sait attendre, il aura son affaire... malgré son éditeur.

Et qui donc sait attendre?

Troisième mardi de Carême, 1878.

XXVI

Les cérémonies.

Une des choses que Monseigneur Dupanloup n'aime pas, ce sont les très-longues cérémonies où il préside. La mitre, la crosse, tout ce qui constitue la pompe de l'officiant, tout cela le gêne considérablement.

Cela a le double inconvénient de retenir sur un même objet son esprit; et son corps à la même place.

Plus volontiers il assiste quand il ne doit pas présider : parce que dans ce cas, il dit son bréviaire, fait des lectures, réfléchit, gagne du temps enfin, plutôt que d'en dépenser.

On n'a pas d'idée de l'influence qu'exerce, sur toute sa conduite et sur son goût pour les hommes et pour les choses, la question du temps gagné ou du temps perdu.

Aujourd'hui il a assisté à une cérémonie qui a bien duré quatre heures. Nous sommes partis, dès sept heures du matin, dans le coupé envoyé par la princesse Borghèse : nous avons gravi le sommet de Montmartre : Il s'agissait de la pose de la première pierre de l'église du Sacré-Cœur.

Les prélats étaient nombreux : le nonce y était, les princes d'Orléans y étaient aussi.

Et Monseigneur Dupanloup ?

Oh ! lui, pendant que toute la cérémonie se passe autour de la pierre, il est resté sur sa chaise et il cause très-longuement avec le nonce.

Les occasions de se rencontrer sont rares, il en profite.

Qui sait si cette conversation n'entrait pas dans ses motifs, quand il vint hier au soir coucher à Paris, pour être là ce matin ?

Je connais peu d'hommes qui mieux que lui proportionnent le zèle au but.

A midi tout est fini ; nous redescendons, par une pluie battante, diluvienne, les pentes de Montmartre.

Je fais allusion à cette longue conversation :

« C'est égal, me dit Monseigneur, je crois bien que je n'ai pas perdu ma journée : j'ai contribué à donner un bon sujet à l'évêché de Nîmes. »

XXVII

Au congrès de Malines.

Monseigneur Dupanloup a été bien beau, à ce congrès de Malines.

Et je dois le dire, après nous y être donné rendez-vous, nous y avons été peu d'accord.

Nous étions deux Toulousains qui avions résolu d'y parler : portant chacun, avec des principes identiques, des manières de voir bien différentes.

Mon honorable compatriote, qui n'était alors ni deputé ni sénateur, M. de Belcastel, s'était fait inscrire pour un discours ayant ce titre : *Le Vatican garde la liberté du monde.*

Je m'était fait inscrire pour une question ainsi libellée : *Des malentendus entre les polémistes catholiques :* Causes et remèdes.

L'évêque d'Orléans fut littéralement effrayé — pour moi sans doute et rien que pour moi — de ce projet. Il m'envoya M. l'abbé Lagrange dès l'aurore pour me supplier d'y renoncer : « Dites-lui que si je devais parler sur un tel sujet, je compterais toutes mes phrases, je calculerais tous mes mots, je peserais toutes mes lettres. »

L'ami Vicaire général joignit ses observations à celle du maître. Il me rappela le *Medios incedo per ignes*, du grand poëte.

« Je comprends, lui répondis-je, que Monseigneur pense ainsi et à sa place j'en dirais tout autant : parce qu'il est, lui, l'Évêque d'Orléans, et que pas une phrase, pas un mot, pas une syllabe ne pourrait être par lui prononcée, sans avoir une portée absolument personnelle.

« Mais moi, qui ai l'honneur et la chance de n'être que moi, c'est-à-dire *rien*, laissez-moi au moins la liberté d'user de cette situation négative. »

L'évêque redoutait en effet tout ce qui pouvait surgir de personnalités d'une pareille question introduite. Il était plus prudent que moi, je l'avoue : mais je n'ai jamais compris, même depuis, qu'un *congrès catholique* fût un champ-clos où deux partis religieux, catholiques se donnaient un rendez-vous... dans l'unique but de se battre.

Moi, je ne méditais rien moins que de les faire s'expliquer et je ne désespérais pas de les voir se réconcilier. Vaine tentative !

La plus large place fut laissée à l'évêque d'Orléans et aux siens. M. de Falloux et le Prélat se passèrent réciproquement l'encensoir et en usèrent aussi très-réciproquement. L'ombre de Montalembert retenu à Riccensal, par la cruelle maladie qui l'a emporté depuis, remplit toutes les séances. Le Père Hyacinthe lui-même fit entendre une de ses plus éloquentes conférences de Notre-Dame qu'il appliqua aux ouvriers.

Quant à M. de Belcastel et à moi, nous fûmes, de séance en séance, relégués jusqu'à la dernière, où nous dûmes céder la place à des évêques américains qui retinrent, pendant des heures, l'auditoire, sans l'intéresser beaucoup.

Venus des bords de la Garonne, ce ne fut pas nous qui méritâmes d'être appelés des *gascons*.

M. de Belcastel s'est dédommagé en faisant imprimer plus tard, en un joli volume, son émouvante thèse. J'ai écrit une brochure que j'ai intitulée *la Paix entre les catholiques*; mais je ne lui ai jamais laissé voir le jour, parce que les questions y étaient trop nettement posées, les regrets trop vivement exprimés, les personalités trop directement atteintes.

Mais je dois dire que je me retirai mécontent.

M. Lagrange me disait : « Nous vous avons rendu un fameux service, en vous empêchant de parler. »

Et moi je répondais : « Des libéraux autocrates comme vous, n'ont pour moi aucun charme. »

Mon discours — apporté à l'étranger et forcément *rentré* — bouleversa un peu mon équilibre affectueux : et pendant quelque temps, je vécus loin du grand homme, dans l'appréciation duquel j'avais peut-être baissé un peu.

Mais je l'aimais : et, à une prochaine occasion, je m'empressai de retourner à lui.

Singulière coïncidence : un artiste belge fit de Mgr Dupanloup la plus belle lithographie, le plus beau portrait qui existe : pendant un séjour à La Chapelle, je conspirai avec l'artiste pour voler à l'éminent et rebelle poseur les quelques quarts d'heure dont il était besoin, pour crayonner cette noble figure.

Monseigneur est debout, une main posée sur la table, drapé dans le manteau romain, dans une attitude de fière éloquence : il est vraiment parlant et le texte porte ainsi :

Mgr Dupanloup au congrès de Malines.

Monseigneur me donna, signée de sa main, une des premières épreuves. Douce compensation au silence que son affectueuse prudence m'avait imposé, à ce même congrès.

XXVIII

A propos d'oraisons funèbres.

Il vient de prononcer à Nantes cette magnifique oraison funèbre du général de Lamoricière. Son discours est un vrai chef-d'œuvre. On eût dit, tout le temps, une harangue militaire.

On parlait, quelques jours après, devant lui de Mgr B. qui avait prononcé l'oraison funèbre de son Eminence le Cardinal de B.

« J'aime mieux mon sujet que le sien, a dit l'évêque d'Orléans. Un évêque est plus à l'aise pour louer un guerrier que pour louer un autre évêque... Si près de la mort et surtout si près de la vie.

« Je conçois que l'Église décerne à d'autres qu'à elle-même les éloges dont elle dispose ; je conçois moins qu'elle se les applique, en la personne de ses évêques.

« Et puis, voyez-vous, une oraison funèbre tourne

toujours au panégyrique. Or, les seuls saints méritent de tels hommages. »

P. S. — On comprend facilement, avec de telles données, la pieuse et ferme interdiction qu'il a faite relativement à ses funérailles. Son testament date bien à peu près de cette époque.

XXIX

Ses correspondances.

Cet hommes affairé, si emporté au dehors par la multitude de ses relations, il a ses moments de douce intimité, ses formules de tendresse.

Quand il est bien portant surtout, car la fatigue physique accable facilement son moral : mais, en se promenant dans les champs par un beau soleil, en voyage, en voyage surtout, il s'épanche, il se livre, il devient poétique, sentimental ; et cela jusque dans ces dernières années.

Je raisonnais un jour avec lui sur les formules initiales et finales de ses lettres : après quelques relations, il met facilement : *mon cher ami*. Et que de gens furent fiers de ce titre ! La première fois qu'il me le donna ainsi par écrit, il y a dix ans, après mon premier Avent prêché à sa cathédrale, accompagnant un aimable souvenir, un beau portrait de lui, je fis encadrer le portrait et la lettre : et ma famille à qui j'ai un jour confié ce trésor, n'a jamais plus voulu me le rendre.

« Oui ; mais quelquefois je supprime ce pronom possessif et je mets simplement *cher ami !* Et je trouve qu'il y a dans cette brièveté une nuance plus tendre. — C'est vrai, Monseigneur ! »

Et depuis ce moment, j'étais un peu frustré, quand en ouvrant ses lettres, j'y trouvais le banal pronom possessif : *mon.*

De même pour les finales : ***Tout à vous en N.-S.*** C'est la formule ordinaire — pour les familiers s'entend ; — mais, quand au lieu d'une lettre d'affaires, c'est un avis plus intime, un sujet qui va plus directement au cœur, alors la formule est corrigée ou augmentée : *tout à vous bien cordialement, tout à vous du fond du cœur,* mais toujours : *en N.-S.* Cet homme a l'habitude, la passion de surnaturaliser les moindres actions de sa vie, celles surtout où le cœur prend et donne sa part.

C'est un rude chrétien dans les moindres détails : aussi réservé, aussi calculant qu'il semble vivre d'impromptu et parfois de précipitation.

Voilà trois jours que je sers de secrétaire à mon très-honoré compagnon de voyage. Il m'a dicté en moyenne vingt-cinq à trente lettres par jour. Ça n'est en général pas long : et il ne m'est pas arrivé six fois de retourner la page.

Mais pour quelques-unes, il s'est réservé de mettre

l'adresse ; en sorte que ce que j'ai écrit d'un peu plus personnel ne renferme de sa part aucune indiscrétion ; c'est adressé à M. X ou à Mme Z. Cela partira pour Nantua ou pour Pékin ?.. Tout le secret en effet réside dans le nom du destinataire.

Je remarque qu'il a dicté à son valet de chambre presque autant de lettres qu'à moi-même : peut-être même lui a-t-il réservé celles qui demandaient une plus grande circonspection.

Ceci m'a fait beaucoup réfléchir ; je comprends, en effet, qu'on puisse confier à un valet de chambre relégué dans ses fonctions, n'ayant d'autres relations avec les visiteurs ou les personnes mandées que de les servir à table, des affaires qui ne préoccupent pas sa curiosité et ne gênent pas sa discrétion. Il n'en serait pas de même d'un secrétaire ecclésiastique, d'un vicaire général. Il verrait, même là où il ne regarde pas, sans utilité pour autrui, sans intérêt pour lui-même...

C'est donc très-pratique, quand on n'écrit pas sa correspondance soi-même, d'en réserver une bonne part pour *son valet de chambre*.

Sur mes notes datées de Macon, février 1873.

XXX

Monseigneur Dupanloup et Pie IX.

En rapprochant ces deux noms que tant de travaux, tant de mérites et tant de gloires unissent, ne peut-on pas se demander si ces deux hommes sont *sympathiques* l'un à l'autre.

Ce qui ne saurait faire l'objet du moindre doute, c'est que Pie IX et l'évêque d'Orléans ont une immense *estime* réciproque.

Le pape rend à l'évêque des hommages éclatants : il a dit, en parlant d'une brochure fameuse : « Voilà un écrit qui m'a valu plus qu'une armée pour la conservation de mon pouvoir temporel. » Il envoie à l'évêque des brefs tout pleins d'éloges et de reconnaissance pour son zèle et ses services. Et Pie IX est sincère.

Mais d'aucuns disent qu'il y a çà et là quelques nuages au ciel des satisfactions pontificales. On parle d'hésitations qu'on croit motivées ; et, à certaines époques, le Saint-Père a des abstentions qui ne peuvent manquer de paraître très-significatives. Le pape ajoute : Qu'il vienne et nous verrons.

Alors les lettres pleuvent de Rome à Orléans... Les ambassadeurs et les cardinaux-amis lui crient : Venez, venez, venez.

Une fois, deux fois, il se laissa faire et il arriva sous des motifs qui étaient la couverture : le manteau de Jeanne d'Arc eut son utilité en cette occasion. Le Pape l'a reçu avec une affabilité toute italienne. Ils ont parlé du denier de saint Pierre, comme dans un sermon; et des spoliations, comme dans un journal.

Le lendemain le Pape disait: « Dupanloup est venu. Il ne m'a parlé de rien, je ne lui ai parlé de rien, nous ne nous sommes rien dit. Eh ! que voulez-vous faire ! »

Alors les intimes de l'évêque lui exprimaient du regret: « Éventrez la question, lui disais-je un matin, où nous nous promenions sur la terrasse du Palais-Borghèse. Demandez au saint Père ce qu'il y a d'obstacle entre vous deux ». Et le prélat, relevant la tête avec dignité me répondait : « Vous voulez, vous aussi, que je fasse des excuses ? et de quoi ? de mon zèle à soutenir ses droits ? que j'exprime des regrets ? et de quoi ?... de ce que je ne suis pas cardinal. Mais que Dieu m'en préserve !...

« Que le Saint-Père me dise quels reproches

je mérite et je n'aurai pas assez de regrets pour déplorer un manquement, si j'en ai réellement commis. » Et l'on repartait. Et les choses en demeuraient là.

Mais, à dire vrai, Monseigneur Dupanloup, qui aime profondément le Pape, comme chef de l'église, comme vicaire de Jésus-Christ... comme institution enfin, a moins de goût pour la *personne* de Pie IX.
Cette disposition, qui n'est jamais apparue dans aucun des actes de sa vie publique, n'en donne que plus de mérite à ses convictions, à sa foi, à son zèle, à tout ce qu'il fit d'éclatant et d'utile pour servir et défendre le Saint-Siége : mais ses amis savent bien qu'il ne partage point ses vues politiques. Il n'a pas de termes assez tristes quand il décrit avec une émotion profonde l'état dans lequel Pie IX a reçu l'église des mains de Grégoire XIV, l'état dans lequel il la léguera à son successeur? — L'Italie, l'Allemagne, la Suisse, l'Orient passent tour à tour devant ses regrets.—Et, malgré la révolution déchaînée, malgré la guerre à outrance contre la vérité, malgré tout enfin, il ne peut s'empêcher de croire et de dire que la mémoire de Pie IX, *comme homme politique*, portera devant l'histoire une immense responsabilité !

P.-S. — Ceci étant du domaine politique où l'infaillibilité doctrinale n'a rien à voir, la plus grande liberté est laissée aux appréciations des hommes. Or celui-ci était un éclairé, un dévoué, un convaincu, un constant.

Oui, mais il n'était pas un infaillible. Son jugement n'a que la valeur d'une unité : beaucoup d'autres, ayant les mêmes qualités avec les mêmes droits que lui, en ont usé largement, pour penser, écrire et dire tout le contraire.

Ainsi se fait l'histoire.

Du reste, la réputation de sainteté de Pie IX, que Mgr Dupanloup a tant de fois célébrée en des termes si éloquents, n'a pas été amoindrie, depuis sa mort, dans le monde catholique ; quand même il serait vrai que sa politique ne soit plus autant suivie au Vatican et qu'elle ne puisse plus l'être ?

Où trouve-t-on dans l'histoire deux règnes qui se ressemblent ?

L'évêque d'Orléans qui avait *ces longs regards en avant* dont parle Bossuet, a pu prévoir ce qui se passe... Et c'est pourquoi il se croyait en droit de moins apprécier la politique de l'homme qu'il vénérait et qu'il servait avec un amour incomparable, à cause de tout ce que cet homme, si magnanime et si éprouvé, représentait de sacré et de saint : l'Eglise et Jésus-Christ.

XXXI

Le syllabus.

C'est « un acte religieux adressé aux évêques seuls (1). »

Il émane de l'autorité souveraine du chef de l'Eglise.

« Le pape exhortant les évêques à combattre avec énergie autour d'eux les erreurs qu'il signale, les laisse juges du moment, de la forme, des explications utiles, selon le besoin des fidèles et les circonstances des temps et des pays (2). »

Aucun catholique n'a le droit d'y contredire. On ne comprend pas la raison d'Etat qui a pu porter le ministre des cultes à retirer aux évêques seuls, à qui *seuls* il était adressé, le droit de publier cet acte.

« Je puis acheter 400 numéros du *Siècle* contenant l'encyclique et l'envoyer à tous les curés de

---

(1) La Convention du 14 septembre et l'*Encyclique* du 8 décembre, p. 8.
(2) Ibidem.

mon diocése. Si le curé lit cette encyclique à ses paroissiens, il commet un abus; le journaliste n'en a commis aucun.

« Un ministre protestant peut lire l'encyclique et la commenter. Le prêtre catholique ne le peut pas (1). »

Le *Syllabus!* on se souvient de la révolution qu'il opéra, du cortége de récriminations d'une part, d'enthousiasmes de l'autre, qui lui firent accueil. Peut-être ne fut-il bien compris ni dans sa portée doctrinale par les uns, ni dans sa portée politique par les autres. Aujourd'hui, où prédicateurs et journalistes en parlent beaucoup moins, il existe tout de même et il opère également pour la ruine ou pour le salut du plus grand nombre.

En ce qui regarde l'évêque d'Orléans, voici exactement ce qui se passa :

Il eut ses motifs pour être persuadé que, dans la pensée des théologiens qui avaient rédigé le *Syllabus*, dans l'esprit surtout des polémistes qui l'avaient conseillé, qui y avaient poussé, le libéralisme catholique était un objectif principal et que lui-même, l'*évêque d'Orléans*, était manifestement visé.

(1) La Convention du 14 septembre et l'*Encyclique* du 8 décembre, p. 8.

Il en eut une profonde émotion, une véritable anxiété. Contrairement à toutes ses habitudes, il laissa parler le plus grand nombre de ses collègues : il attendit. Enfin, le soir de la Noël, la veille même, il dit à ses amis : J'entre en retraite dès ce soir. Il s'enferma en effet... réfléchit devant Dieu à la portée générale du *Syllabus*, se rendit compte des interprétations exagérées que de part et d'autre plusieurs en faisaient. — Il sortit après huit jours, avec son explication à lui, qui ramena soudainement l'opinion en montrant tout ce que le *Syllabus* avait d'inoffensif pour l'ordre public que les politiques croyaient menacé.

Le Pape reçut le premier exemplaire de ce travail qui était un vrai tour de force et d'habileté parlementaire en même temps. Car le fait nu était celui-ci : Le *Syllabus* était en partie contre l'évêque d'Orléans et il fallut l'évêque d'Orléans pour l'interpréter, le défendre, le laisser passer sans révolution dans l'opinion publique.

Les amis de l'évêque d'Orléans — et il en avait de sérieux à Rome et dans la cour même du Pape — lui transmirent immédiatement la satisfaction de Pie IX sur cette intelligente manœuvre, — car c'en était une. — Et l'on sait ce que l'esprit public en pensa. Ils lui firent savoir que le Pape allait lui envoyer un bref de félicitations dont ils écrivirent les termes on ne peut plus élogieux. C'était donc une double victoire. *Ces lettres se retrouveront évidemment dans Sa Vie.*

Mais il y eut des déceptions dans le camp des avancés : quelques-uns trouvèrent que le *Pape* n'était pas assez *papiste* en cette circonstance. Je me souviens qu'un de mes amis, ancien élève de Mgr Dupanloup, fervent laïque et très-honorable père de famille, mais écrivain de l'*Univers*, me disait en pleine place du palais Bourbon où je le rencontrai : « Le *Syllabus* est assez clair comme cela. Qu'avons-nous besoin des explications de *votre* évêque d'Orléans... L'évêque d'Orléans nous a volé l'encyclique : *Il nous a subtilisé le Syllabus.* »

Quinze jours se passèrent et rien n'arrivait de Rome. Au bout de ce temps et peut-être un mois après, l'évêque d'Orléans reçut en effet un bref modifié, j'allais dire mutilé, dans lequel le Pape, le félicitant d'avoir commenté son Encyclique avec tant d'éloquence, lui disait qu'il était assuré qu'il en donnerait à son clergé et à ses fidèles le sens absolu, *germanam sententiam*.

Que s'était-il passé dans les coulisses de la cour pontificale ?..... Mgr Dupanloup n'avait qu'une conduite à tenir et il la tint... Il avait fait son devoir et ne se découragea pas.

Un de mes amis, qui était présent à Rome, complète ainsi mes souvenirs et mes notes d'alors :

Dès que Mgr Dupanloup eut pris connaissance de l'encyclique et eut vu l'effet qu'elle avait produit, il écrivit à Rome pour proposer l'interprétation qu'il croyait en devoir faire.

Cette interprétation fut communiquée par M. l'abbé de Bovet, curé de Saint-Thomas-d'Aquin, au Saint-Père qui l'approuva sans restriction. — L'évêque d'Orléans ne publia sa brochure qu'après avoir été informé de cette acceptation.

Il était donc en droit de s'attendre à ce qu'aucune restriction ne serait mise plus tard aux remercîments qu'il recevrait.

Et moi, je me pose la question suivante : cette *restriction* est-elle aussi flagrante que l'ont voulu prétendre les ennemis de l'évêque d'Orléans? Est-ce que si Pie IX avait réellement désapprouvé l'écrit de Mgr Dupanloup il n'aurait pas osé le lui dire en propres termes?...

Est-ce que les gens qui épiloguent — journalistes et théologiens — sur le sens caché que Pie IX a voulu donner à ces mots *germanam sententiam* ne manquent pas de respect à Pie IX, soit en l'accusant de manquer de franchise, soit en l'accusant de manquer de fermeté?

7

L'évêque d'Orléans a dû croire, il a cru que Pie IX était plus sincère et meilleur que tout cela ; car, prenant pour ce qu'il est le bref pontifical, il l'a publié tel quel en tête de l'édition suivante de sa brochure ;

Et l'évêque d'Orléans ne pouvait mieux répondre.

XXXII

Cannes! Cinq minutes d'arrêt.

2 décembre 1869.

. . . .

Et, après un moment, tous les voyageurs qui sont dans le train se précipitent aux portières : beaucoup veulent descendre, qui n'y avaient pas songé. Que se passait-il? Je regarde comme les autres : j'aperçois l'Évêque d'Orléans qui allait monter en wagon. Je vais à lui, il me saute au cou, me prend au bras, et nous passons, à causer, les quatre minutes qui restent. Je fais envie à tous ces spectateurs, et on se demande quel est ce favorisé de l'éminent voyageur. Voilà ce qu'il produit et ce qu'il confère : il est vrai qu'on part pour le concile.

« Mon ami, nous nous reverrons à chaque arrêt, si vous voulez ; et demain et les jours suivants, et à Rome surtout ; mais, aujourd'hui, j'ai un travail extrêmement important et auquel vous ne pouvez me servir de rien. C'est pour cela que j'ai pris un coupé... au revoir. »

Je rentre dans mon compartiment, émerveillé de cette activité intellectuelle, de cette soif de travail ! et, ma foi ! comme le bon exemple est aussi communicatif, je me prends à travailler de mon côté et, jusqu'à Gênes, je crayonne des choses que je serai heureux de retrouver plus tard... ces quelques lignes d'abord et le souvenir de cette rencontre.

XXXIII

Avant le concile.

« Mon ami, il faudra, si vous voulez bien, nous promener beaucoup aujourd'hui, car je suis vraiment content. Je vous ferai très-volontiers les honneurs de Saint-Paul hors les murs.

— Oh ! quelle chance, Monseigneur ! »

Nous voilà partis, malgré les cinq ou six ducs ou princesses qui attendent au salon. C'est bien pire à Rome qu'à Orléans ; on ne lui laisse pas un quart d'heure de repos.

A peine montés en voiture, Monseigneur me dit :

— Je vais vous annoncer une très-grave nouvelle :

« J'ai eu ce matin avec le Pape une longue et bien bonne conversation. Figurez-vous que nous avons parlé de la convocation prochaine d'un concile œcuménique. Le Saint-Père n'y répugne pas, au contraire. Je me suis permis de beaucoup insister sur l'immense bien qui résulterait certainement d'une pareille mesure, sur l'immense honneur que cela ferait à son pontificat.

— Vous avez en effet invoqué deux motifs qui semblent hors de toute discussion.

— Oui, et le Pape en est pénétré au moins autant que moi. L'état de l'Eglise est si tourmenté dans le monde entier, que le remède providentiel semble devoir être là et n'être que là : dans la concentration de toutes les lumières auprès du chef de l'Eglise universelle.

« Votre Sainteté serait heureuse et abondamment consolée, lui ai-je dit, de voir recherchées, discutées et admises par l'épiscopat catholique, sous la direction et la sauvegarde de votre autorité suprême, les conditions de vitalité de l'Eglise, au milieu des agitations modernes?... »

— Comme c'est vrai, Monseigneur ! quels maux à écarter, quels biens à produire ! »

Et pendant tout le cours de cette longue promenade, il n'a cessé de s'élever, de s'échauffer (car un homme lui fait souvent un auditoire), comme si cela était arrivé, comme si déjà il y était.

Nous avons rencontré dix, quinze groupes de prêtres, visiteurs comme nous ; parmi eux des confrères de mon pays !..., partout on le regarde, on le salue, on le suit. C'est à rendre bien fier celui qui l'accompagne. Quant à lui il est rayonnant; moi je sais bien pourquoi. —

Rome, 30 juin 1867.

P. S. Cette date est très-importante ; car deux conclusions ressortent de cette familière conversation :

1° Si l'idée première d'un concile œcuménique n'appartient pas à l'évêque d'Orléans, du moins lui a-t-elle été communiquée très-prématurement par le Saint-Père lui-même et lui a-t-elle paru surabondamment utile, *opportune.* « Comme ce sera beau, disait-il le lendemain, ce sera certainement le plus grand événement de notre siècle. » Et il le répétait désormais à tous ses amis.

2° Sa préoccupation principale et la satisfaction qu'il y goûtait résidèrent dès ce moment dans les *garanties* et dans les *consolations* que cette consultation de l'épiscopat du monde entier donnerait au Saint-Père « *si justement anxieux dans le gouvernement de l'Eglise universelle.* »

« Jamais la barque de Pierre ne rencontra plus d'écueils, disait encore l'évêque d'Orléans. Aussi le capitaine, à qui incombe toute responsabilité de la navigation, veut-il consulter tous les officiers qui sont à son bord. »

Le concile est décidé ; la convocation officielle est faite : l'évêque d'Orléans s'en occupe avec toute l'ardeur qu'il a coutume d'apporter aux affaires de l'Eglise. Celle-ci est la plus grave qui se soit jamais présentée à son zèle.

Il s'y prépare et, autour de lui, on s'y prépare, en conséquence.

Mais quelques polémistes, *un surtout*, ont commencé une campagne qui lui déplaît, dès la première tentative.

« Ils veulent, dit-il, nous tracer un programme, nous assigner un but et des moyens, nous creuser une sorte de fossé de circonvallation.... Ils veulent régenter le concile avant même qu'il se réunisse... C'est d'une audace incompréhensible, c'est odieux. »

L'évêque d'Orléans ne ménage pas les termes ; on le sait. L'idée émise de définir, avant toute question, l'infaillibilité du Souverain pontife, sans examen, *par acclamation*, l'inquiète, l'irrite, le met hors de lui.

C'est alors qu'il écrit ses *avertissements* sévères, très-sévères, mais pas du tout volés.

Il va, vient, fait des voyages jusqu'en Allemagne, cherche à s'entendre avec tous ceux de ses collègues qui pensent comme lui. — Bref, il arbore, dès avant la réunion du concile, un drapeau qui aurait pu être celui de la majorité, qui s'appelle celui des *anti-opportunistes*, mais qui ne fut que celui de la *minorité*, puisque le dogme a été défini.

Paris, février 1869.

XXXIV

Pendant le Concile.

L'évêque d'Orléans a choisi à Rome son domicile comme il le choisit partout : La Chapelle au lieu d'Orléans, Viroflay plutôt que Versailles ou Paris, la villa Grazioli plutôt que le Corso ou la place d'Espagne, ou aucune rue de Rome.

Il est un peu plus loin, tant mieux : c'est l'occasion d'une promenade, d'une course. Cela ne lui fait pas perdre une minute ; car il ne dit guère son bréviaire qu'en chemin désormais, soit à pied, soit en voiture.

Cet éloignement du domicile produit une classification immédiate et très-rationnelle des amis, des connaissances, des visiteurs.

Le triage est plus facile à faire : ceux qui viennent jusque-là ont déjà des motifs plus sérieux. Ils sont moins besogneux, etc., etc.

Et puis, on est à la campagne, au grand air. On respire à pleins poumons, on travaille mieux. On a un sommeil plus calme.

Tout cela a été prévu par Monseigneur. Et s'il s'est fait de préférence l'hôte de la banlieue, il sait bien pourquoi?..

J'en arrive donc de cette villa Grazioli... Car moi, je suis un des fidèles. Cette fidélité m'a quelquefois coûté cher, dans l'esprit de certaines gens, soit à Rome, soit à Paris, je le sais; et je ne le regrette pas : j'en suis plutôt fier. J'y retournerai donc toutes les fois qu'il y aura utilité ; quant à l'agrément, il est toujours là où le cœur nous porte.

Mais quel mouvement, grand Dieu ! et quelle singulière solitude que la vôtre, cher Monseigneur !

Des archevêques, des évêques, des prêtres, des princes romains et autres ; et même quelques-unes de ces créatures privilégiées qu'un théologien plein d'esprit a appelé les *matriarches du Concile*. Le mot a beaucoup couru. La *furia* domine un peu partout où nous sommes.

Ce théologien, qui du reste n'est pas un français, a eu lui aussi son baptême et on l'a surnommé le *papillon* du concile. C'est gracieux et léger : il effleure les brochures accumulées sur sa table. Il y en a pour toutes les questions pendantes et, chose remarquable, les feuillets en sont presque coupés ! On voit que toutes les *tables des matières* ont été lues. Aussi toutes les fois qu'un visiteur soulève une difficulté dogmatique, l'aimable maître de maison prend une brochure, montre le titre et dit : Mon cher, tout cela est résolu là-dedans.

C'est de lui que Mgr Darboy disait hier ce mot un peu méchant : « Oh ! pour celui-là, il se donne toujours la peine de réfléchir un peu, quand il a parlé beaucoup. »

La plaisanterie des *matriarches* a été rapportée à l'évêque d'Orléans qui en a été très-froissé. D'autant qu'il y en a aussi tout un cortège autour de certains polémistes. Dans l'un et dans l'autre camp, les âmes pieuses s'occupent beaucoup de théologie en ce moment.

Rome est un grand village où tout se sait, où tout se répète, où il se fait beaucoup de cancans, dont on n'accuse ni les Allemands, ni les Romains..., ni même le *clergé* français.

Quand le concile sera fini, on en écrira évidemment l'histoire : et l'on verra bien alors la part que chacun de nos Pères aura pu prendre à ces luttes légitimes, inévitables et qui, en définitive, tournent toujours à l'honneur de l'Eglise et à la gloire de la vérité.

Les ingérences des laïques, les mouvements extra-conciliaires jouent ici un rôle étrange, ridicule.

Rome, mars 1870.

P.-S. — J'ai en ma possession des notes très-considérables sur ce qui s'est passé à Rome, du mois de décembre 1869 au mois de juillet 1870. J'ai résolu de n'en rien publier ici, je me tiendrai parole.

De simples *souvenirs* d'un homme ne sont pas l'histoire d'un concile œcuménique.

XXXV

Après le Concile.

Et après ?

Après, il y a eu la guerre, plus affreuse à Orléans que dans tout le reste de la France. Nous lirons cette grande page de la vie de notre évêque, quand elle aura été publiée. Moi, je n'étais pas là ; je ne l'ai retrouvé qu'à Bordeaux...

... Dans une autre Assemblée : c'est la politique désormais qui l'occupera, qui l'absorbera.

La Patrie après l'Église, en même temps que l'Église : deux amours en un cœur.

Bordeaux, février 1871.

L'Évêque d'Orléans est nommé à l'Assemblée nationale.

L'Univers est furieux.

Son rédacteur principal prétend qu'il n'y avait pas lieu à mettre sur ce piédestal l'Évêque d'Orléans ; une Trappe, une Chartreuse, où il puisse se cacher et faire pénitence, voilà ce qu'il lui faut...

« ... à moins qu'il ne vienne à l'Assemblée nationale pour y faire amende honorable et professer, du haut de la tribune française, son adhésion au dogme de l'infaillibilité pontificale. »

Le Cardinal de Bordeaux, qui a vu cet article et qui en est indigné, a demandé, à table, quel rapport il y avait entre l'Infaillibilité et la Chambre des députés... Il a été, devant le Nonce, plein d'estime et d'affection pour Mgr Dupanloup... Je me suis permis de *souligner* respectueusement cette haute sympathie... « Oh ! vous, m'a répondu le Nonce, vous le soutenez toujours et vous le flattez. »

Ma foi ! Je me permets alors de me récrier ; et, bref, je finis par mettre de mon côté non pas les rieurs — personne ne riait — mais les hauts contradicteurs eux-mêmes.

On manque son but, quand on le dépasse : Son Excellence explique ses regrets et affirme qu'Elle fera appeler M. le rédacteur pour lui adresser de sévères remontrances sur son article d'hier.

Bordeaux, février 1871.

Le bruit s'est répandu que l'Évêque d'Orléans a des chances d'être nommé ministre de l'instruction publique et des cultes.

En conséquence, depuis plusieurs jours, ils sont tous après moi pour me supplier, dans un but de grande édification, assurément, d'obtenir de l'Évêque d'Orléans qu'il publie enfin son adhésion à l'Infaillibilité. Je le désire plus qu'eux; mais ils ont le tort de croire : 1° que j'y peux quelque chose; 2° que presser Monseigneur serait le bon moyen de hâter son action.

L'aimable Mgnor Capri vient me voir à ce sujet. Et, en sincère admirateur de l'Évêque d'Orléans, il me dit : « Son influence religieuse, politique, sociale, son influence à tous égards, sera infiniment plus grande, quand il aura fait cet acte.

— C'est évident, et je le crois fermement; mais l'Évêque d'Orléans est un homme qu'on ne pousse pas ainsi, sous peine de le faire reculer. »

« Il m'a souvent dit : « Ceux-là n'ont aucun droit
« d'imprimer le mouvement, qui ont, au contraire,
« le devoir de le suivre. »

« Quand les journaux ultramontains se seront tus à son endroit, quand il n'aura plus l'air d'obéir à une violence morale, venant de gens qui n'ont aucune qualité — gens que, d'ailleurs, il n'estime pas, — alors, il partira de lui-même, avec la liberté et le mérite de son initiative.

« Mais, croyez-moi, ni vous ni moi n'y pouvons

rien, tant que les ardeurs aussi contraires ne seront pas éteintes.

— Je le crois, me répond l'intelligent auditeur. »
Et que de fois, depuis ces conversations qui nous lient, nous sommes tombés d'accord sur l'Évêque d'Orléans !

J'ai cependant parlé à Monseigneur de tous ces vœux du clergé bordelais, plus encore que de ceux de la nonciature, plus que des invectives de l'*Univers*.

Évidemment, il cherche le joint... Il va faire son adhésion publique ; elle est dans son cœur et dans sa *conscience*.

Bordeaux, mars 1871.

Oui, voilà le mot vrai qui traduit la situation exacte : *Conscience !*

L'Évêque d'Orléans, sur cette grave question du Concile, de l'Infaillibilité.., était descendu dans *sa conscience*.

Avant, pendant, après, il s'est conduit par elle, il lui a obéi. Il en a reçu le témoignage. Il aime bien cette parole de saint Paul : *Gloria nostra hæc est, testimonium conscientiæ nostræ.*

CONSCIENCE : *tout est là;* pour lui, c'est l'alpha

et l'oméga ; c'est la force, la constance, l'opiniâtreté même ; tout vient de là, et tout y retourne.

Il y a mis ce qu'il croit être la vérité, ce qu'il sait être Dieu — car c'est un *homme de vérité* et un *homme de Dieu*.

XXXVI.

Comme on ne l'aime pas.

Après une longue délibération avec moi-même, j'étais résolu à supprimer tout ce qui se rapporte à ce titre. Un de mes plus graves amis me dit : Sans ces traits, aucun portrait de Mgr Dupanloup ne serait ressemblant. C'est absolument comme si vous omettiez les épines dans la couronne de Pie IX. D'ailleurs, tous vos lecteurs en savent plus que vous n'en sauriez dire. Quant à l'édification, elle n'y perdra rien : l'histoire de l'Église renferme bien d'autres querelles, en remontant jusqu'à saint Pierre et à saint Paul.

Je me rends, mais je voilerai les noms propres.

Voici deux de ses paroles sur lui-même :

« Quelle vie que la mienne ! quelle étrange des-
« tinée !

« Toujours entre des fanatiques et des athées.

« Et dire que je viendrais bien plus facilement à
« bout de ceux-ci que des autres ! »

C'était il y a quinze ans, et l'évêque d'Orléans se battait en même temps contre le *Siècle* et contre l'*Univers !* A quoi bon ne pas le dire, puisque tout le monde le sait ?

« Ils disent que j'ai quelque savoir ; je ne sais pas si c'est vrai, mais ce que j'affirme c'est qu'il m'a fallu encore plus de *savoir-faire* que de savoir pour les enlever ! »

Il parlait d'une certaine catégorie de ses *chers Orléanais*.... dont la plus grande partie lui est depuis cette époque demeurée fidèle. Mais non pas tous ! !

Aucun homme peut-être parmi ses contemporains, dans l'Eglise et même dans le monde, n'a soulevé plus de critiques, excité plus d'oppositions et il faut dire le mot — attiré plus de haines.

Au retour du Concile je m'arrête chez Monseigneur de Cr.... Contrairement à ses habitudes il me reçoit avec une froideur très-calculée et finit par s'expliquer :

« Comment un homme de votre âge et de votre caractère, s'est-il laissé endoctriner par l'évêque d'Orléans, au point de devenir un de ses séides ? Je ne vous le pardonne pas.

. . . .

« Que lui avait fait cet honnête et inoffensif M. Veuillot, pour le traiter avec cette violence ?...

« Heureusement que tout a bien fini. Nous les avons traités, lui et les siens, comme il est à souhaiter que les Français traitent les Prussiens : battus et chassés. »

Je m'étais tu jusque-là.

— « Monseigneur, ce que je peux vous dire c'est que je n'ai jamais entendu l'évêque d'Orléans parler d'un de ses collègues, comme il vous convient de parler de lui.

« Ce que je peux vous affirmer en outre, c'est que jamais il n'a donné à ma discrétion une preuve de sa confiance pareille à celle dont vous m'honorez en ce moment ; car vous seriez évidemment bien peiné, si votre langage avait des échos !... »

Sa Grandeur a compris : elle m'a tendu la main, m'a même embrassé, en me disant : Allons, c'est fini, nous n'avons tous maintenant qu'un cœur et qu'une âme, puisque nous n'avons qu'une foi. —

Au revoir Monseigneur !

Novembre 1870.

Décidément ceci manque de charme : on se croit obligé de parler de l'évêque d'Orléans, partout où je suis. Ma présence fait penser à lui et n'inspire pas aux contradicteurs la gêne qu'ils auraient avec un personnage officiel de sa maison.

Nous sommes huit à la table de Monseigneur

de M. L. Son père est en face de lui et à la droite de ce vénérable maître de maison, un prêtre âgé, maigre, que je ne connais pas. Sans motif, il fait une sortie à fond contre l'évêque d'Orléans et termine par cette phrase : « Il est impossible que l'évêque d'Orléans soit de bonne foi. »

Je n'y tiens plus, je me penche vers Monseigneur et je demande la permission de répondre.

« A votre aise, me dit l'évêque.

— Monsieur, je regrette beaucoup de n'avoir pas sur ma tête des cheveux encore plus blancs que les vôtres, pour vous répondre avec plus d'autorité ; mais je vous affirme bien que si Monseigneur l'évêque d'Orléans se permettait de parler de vous comme vous parlez de lui, il irait se confesser demain matin, avant de dire la messe. Mais il n'y a point à craindre de le voir jamais s'oublier à ce point. »

Ma voix trahissait une profonde émotion. L'insulteur paraît étonné de mon audace.

On vient, par une heureuse diversion, annoncer à Monseigneur la visite des officiers supérieurs d'un régiment arrivé d'hier.

Le Prélat se lève, sans manger le dessert.

Les six autres prêtres viennent, tour à tour, me prendre affectueusement les mains, me remercier d'un acte d'amitié et de justice accompli si simplement, à une table où les habitués et les invités n'ont jamais qu'un rôle : flatter, au moins par le silence, les idées du maître.

Moi, je m'étonne, mais je vais boucler ma valise et, contrairement à mon projet, j'annonce à Monseigneur mon départ immédiat.

Le prélat me dit : « Vous avez été un peu vif et vous avez pris trop au sérieux ce bon vieillard qui est un ancien jésuite relevé de ses vœux, mais je ne suis pas fâché qu'on s'abstienne à ma table de parler mal d'un évêque... mon collègue.

— Monseigneur, je n'eus jamais à remplir pareil devoir à la table de l'évêque d'Orléans. »

Là-dessus je me retire — et j'en eus assez depuis, malgré mes sentiments de profonde estime pour les éminentes qualités de mon hôte.

27 décembre 1875.

Est-ce croyable ? Les pères jésuites de X. avaient admis comme classique un volume de morceaux littéraires, remarquablement choisis par M. F. Et l'auteur intelligent de ce recueil était heureux ! Dieu sait.

Il reçoit avis que tout est changé. Le conseil disciplinaire n'adopte pas son livre. — Pourquoi ?

Parce qu'il renferme quelques extraits des œuvres de Monseigneur Dupanloup.

Les pères ne veulent pas qu'on lise de *mauvais livres* chez eux !... Comme c'est étrange !! —

Janvier 1876.

M. l'abbé X., rédacteur de la *Semaine religieuse* de R., vient de faire devant quelques-uns de mes amis une longue dissertation pour démontrer qu'il est impossible d'être chrétien ou plutôt *catholique* sans être légitimiste, partisan du droit divin. — On l'a quelque peu combattu et, en ma qualité de maître de maison, je l'ai laissé divaguer à son aise.

Mais pendant que je le ramenais en voiture, il a entamé la personne de Monseigneur Dupanloup, en croyant me flatter à propos de certains petits mécomptes, dont il connaissait (je ne sais comment) tous les détails. Il a traité le prélat comme on ne traite pas un bandit, quand on a un peu de charité. Il a fini par l'appeler *le fléau* des temps modernes. Tout cela en moins de cinq minutes. J'ai arrêté ma voiture, comme si nous étions arrivés à destination ; et en pleine route, je l'ai prié d'en descendre. Au revoir M. l'abbé.

Et dire que le nombre de ces irréconciliables est incalculable !! —

Luchon, août 1878.

XXXVII

Un voyage après une lettre.

Avril 1871.

Le dimanche de Pâques, en déjeunant, Monseigneur dit à ses familiers : « Mes amis, je pars pour Rome après demain. »

Voici ce qui se passait : Un personnage, trop officiel pour que je puisse me permettre de l'indiquer à face découverte, avait écrit à un prêtre résidant dans une grande ville du Midi une lettre renfermant les douceurs suivantes : La Providence fait son œuvre. Darboy a été fusillé, L... est fou, L... est démissionnaire. Le vôtre venu à résipiscence... Reste *le grand coupable!* Et pour celui-là, *il est temps que saint Pierre frappe*, etc.

Le prêtre destinataire, inquiété dans sa conscience, avait porté la lettre à son évêque; son évêque l'avait envoyée à Mgr Dupanloup... Et c'est après nous l'avoir lue que l'évêque d'Orléans dit : Je pars. Il avait d'ailleurs ses raisons pour croire que cette lettre était le prélude d'une campagne; et puis, le dossier de Jeanne d'Arc était prêt. Il suffisait.

Dans sa précipitation Monseigneur oublia son grand portefeuille — le fameux portefeuille de M. de Talleyrand. — Il télégraphia de Paris, et je me chargeai de le lui porter. Le lendemain matin, à cinq heures, j'étais rue de Monsieur; et nous allions à la gare dans un landaw qu'un jeune prince polonais avait amené, à cette heure si matinale.

Chemin faisant, je dis: « Monseigneur, vous allez à Rome pour des affaires bien personnelles. Serez-vous suffisamment à votre aise dans des démarches qui peuvent être si délicates, n'ayant pas auprès de vous quelqu'un, étranger à votre maison?

— Mon ami, je ne peux pas vous demander de venir : c'est si prompt.

— Pourquoi pas? vous savez bien que je suis vôtre. »

Une demi-heure après, au moment de monter en wagon, Monseigneur me dit : « Mon ami, j'ai été bien heureux de vous voir poindre ici ce matin. Je serais bien plus heureux si je vous voyais poindre à Rome.

— Monseigneur, je pars ce soir, lui répondis-je, comme si c'eût été chose convenue depuis un mois. Et comme je voyage la nuit, pendant que vous vous arrêtez, je peux passer par les Pyrénées et arriver encore en même temps que vous.

— Ah! vraiment! vous êtes trop aimable, mais je le savais bien ! »

Ce qui fut si vite dit, fut également fait — mais pas grand effort ne fut nécessaire pour déjouer le prélat qui invoquait les foudres ! — cela se termina de la part du Saint-Père par une demande de service adressée à l'évêque d'Orléans.

XXXVIII

Un pape de son choix.

Cet homme, qui est si fin, a parfois des naïvetés sans pareilles. L'impétuosité de son imagination, se joignant à la puissance de ses autres moyens, il se fait facilement l'illusion de croire que ce qu'il entrevoit est toujours réalisable, que ce qu'il projette est toujours à moitié fait. Son autorité dans les conseils où il a coutume de présider, son influence sur le cercle de ses amis lui font une très-dangereuse illusion sur les faits qui dépendent de conseils supérieurs aux siens, et auxquels il faut d'autres assentiments que ceux de ses intimes.

Il est de ceux qui *croient facilement que c'est arrivé*, et il le dit avec une simplicité qui n'est pas sans encombre.

Ainsi, le voilà enchanté de la réception que lui a faite le cardinal Sforza, archevêque de Naples : moi, je le suis moins, car Son Éminence nous a fait préparer des appartements à un sixième étage, chez les Lazaristes, sous prétexte qu'Elle n'habite pas son palais; tandis que d'autres, l'archevêque de Sienne par exemple, nous ont parfaitement reçus dans leur palais d'emprunt.

Mon humble avis est que le cardinal a mis cette discrétion à sa sympathie, par prudence vis-à-vis de ses collègues de Rome, moins sympathiques à son visiteur.

Il est venu voir Monseigneur le premier; il s'est excusé... Ils ont eu une longue conversation le lendemain. Afin d'être plus libre de tous ses mouvements, notre cher Évêque nous envoie tous à *Pæstum* : « Mes amis, je ne veux pas que vous quittiez Naples sans aller voir ces vraies magnificences de la vieille Calabre. Je me passerai de vous pour tout demain. »

Il a donc vu le cardinal sans nous. Il en est enchanté, ravi... Il dit à tout venant son enthousiasme. Mais voici où la naïveté commence : *Il faut en faire un Pape !* dit-il. Il répète cela à Naples, à Rome, à Pise, à Turin, partout.

L'Italie ecclésiastique s'agiterait dans un verre. Tout se sait, se répète, se commente. On rapproche ce voyage de certain autre avant le concile : et on accuse notre cher Évêque d'intriguer pour le futur conclave, comme il le fit... Pie IX dit en riant : « Il travaille à me remplacer, avant que je m'en aille. »

C'est du plus regrettable effet : et ce n'est que de la simplicité ; car il n'y a là, et il n'y peut avoir aucune intrigue.

Et, d'ailleurs, la robuste constitution de Pie IX se charge bien, à l'heure présente, de répondre à tous les projets de succession !

Retour de Naples, 20 avril 1874.

Et cependant, dans la conversation qu'ils ont eue ensemble, le Pape l'a félicité de ses grands travaux. Et c'est de cette conversation qu'est née la résolution très-arrêtée de la lettre à Minghetti, sur les spoliations dont le Saint-Siége est l'objet.

Pie IX a suffisamment approuvé cette idée, pour que l'Évêque puisse dire et répéter : « Je vais immédiatement faire un travail que le Pape m'a demandé, ce qui veut dire que je lui ai promis. »

Dès ce moment, sa tête est en ébullition. Toutes les conversations qu'il provoque, tous les renseignements qu'il prend, tous les voyages que nous accomplissons, se rapportent à cet objet. Nous sommes trois à tenir le crayon et à transcrire tous ces détails. Je rapporte en particulier, de la Chartreuse de Pise, où je l'accompagne avec le duc Salviatti, des quantités de renseignements exorbitants. Une exclamation, qui lui semble énergique, m'échappe : « Oui, c'est cela ; notez cela. » Faits et réflexions ; abus et commentaires, nous consignons tout.

Et voilà la vraie raison de ce retour en lacets, au lieu de la ligne droite : *La préparation d'un travail promis à Pie IX.* Mais comme il a dit du cardinal de Naples : *Il faut en faire un Pape !* on en conclut que c'est un voyage pour *préparer le conclave.*

P.-S. — Hélas ! Le cardinal Sforza est mort avant Pie IX, et Mgr Dupanloup n'a pas voté pour Léon XIII, autrement que du fond de son cœur ; ce qu'il a fait abondamment, du reste. Oh ! choses humaines !

XXXIX

Un essai de justification.

Et cependant tout n'est pas fini.

Monseigneur me paraît préoccupé, je veux dire triste, fort triste : « Tenez, lisez ce mémoire que j'envoie au cardinal N. Car, je voudrais en finir une fois : et j'apprends qu'en ce moment il y a une reprise d'hostilités. »

Je lis le mémoire; il me paraît renfermer la plus ample justification.

Mais nous sommes au 3 novembre. Les chambres vont rentrer le 7. Et Dieu sait tout ce qui se prépare de revanche contre le 16 mai ! Quelle tristesse d'avoir besoin de se défendre à Rome pendant qu'on est ainsi attaqué à Paris !

Sous cette impression, je me mets au travail dès six heures du matin : et je ne suis pas le premier dans la maison. On se lève de bonne heure ici :

J'écris : ce sera pour la *Défense*, pour le *Monde*, pour le *Figaro*... Qu'importe, ce ne sera pas pour l'*Univers* toujours ! Et encore : *qui lo sa?*

Mgr Dupanloup et les questions pendantes :

Il est impossible de séparer ce nom de ces questions. *Elles* vont surgir prochainement avec toute leur importance, avec toutes leurs menaces : *Il* les attend et s'y prépare avec un calme qui n'est pas sans anxiété, avec des préoccupations qui ne sont pas sans espérance.

Aumôniers militaires, budget des cultes, enseignement supérieur et à tous les degrés, question plus complexe de la lutte déclarée entre ce qu'on appelle l'anticléricalisme et le cléricalisme, question, à laquelle les adversaires veulent faire tout aboutir, de *la séparation de l'Eglise et de l Etat...*

Voilà ce qui va se dérouler durant cette session parlementaire près de s'ouvrir.

Les ennemis sont nombreux, coalisés, unis. Ils savent effacer les nuances politiques devant l'intérêt commun. Ils ont une entente et une discipline, dont on ne peut pas s'empêcher de les féliciter : on en est, hélas ! tant dépourvu dans la grande armée chargée de défendre la vérité et les saines doctrines.

Or, celui qui est notre chef le plus vaillant, le plus autorisé dans ces luttes, celui qui, à l'heure présente, demeure *par une disposition providen-*

tielle, le SEUL porte-voix ecclésiastique des intérêts religieux dans ces assemblées parlementaires, celui-là n'a qu'à moitié la confiance de certains catholiques, de certains prêtres, et, pour tout dire, d'un certain nombre de ses collègues !

Tandis qu'il se bat en avant et porte, aux ennemis de nos institutions les plus sacrées, des coups justement redoutés, il est lui-même constamment exposé à être sinon atteint au moins harcelé par derrière. Le désavouer est impossible, mais il est amoindri aux yeux des siens.

D'où vient cela ? Comment l'homme qui, depuis quarante ans, a défendu les intérêts catholiques au point d'être un objet d'admiration, de respect et de terreur pour ceux qui le combattent, comment cet homme a-t-il rencontré et rencontre-t-il encore des oppositions tantôt voilées, tantôt manifestes mais toujours très-vives dans l'esprit des catholiques, réputés plus ardents et qui doivent être également sincères ?..

D'où vient cela ?

L'histoire des malentendus — car il n'y peut avoir autre chose — est trop longue pour être racontée dans ses détails ; elle impliquerait un retour sur des événements jugés, elle renfermerait des allusions nécessaires à des personnalités qui ont leur mérite et leurs droits : elle serait sans utilité et peut-être nuisible à l'esprit conciliateur, au but éminemment chrétien selon lequel ces lignes sont spontanément écrites.

Mais ce qui est hors de tout doute, c'est que ces malentendus peuvent être ramenés à un seul chef : la fameuse thèse du *libéralisme catholique*.

Titre un peu bruyant, je le reconnais, dont quelques-uns s'affublèrent, sans trop savoir ce qu'il voulait dire, et contre lequel s'élevèrent un grand nombre, en lui attribuant des influences qu'il ne devait pas exercer et qui n'existèrent que dans leur imagination ou dans les abus !...

Titre désormais inavouable, par les hommes sincèrement religieux, depuis qu'on a prétendu abriter sous ses plis et légitimer par lui toutes les hontes qui ont été exercées en Suisse, toutes les cruautés qui se sont produites en Allemagne.

Question de grammaire et de dictionnaire beaucoup plus que d'orthodoxie et de principes. Mais après, tout lorsque certaines appellations ont pris — même par des déviations et des abus — un sens que l'orthodoxie reprouve, la conscience les abandonne et ceux qui les acceptèrent dans leur intégrité primordiale ne les retiennent plus.

Au fond et en résumé, que reprochent à Monseigneur Dupanloup les hommes qui, prenant cette discussion par le côté où l'intelligence domine et qui ayant eux-mêmes une notion exacte des principes et des termes — ce qui n'est pas commun, — regrettent sincèrement de ne pouvoir donner à l'éminent prélat un hommage sans restriction?

Dans cette fatigante question du *libéralisme catholique*, tout gît en ces deux mots : *la thèse, et l'hypothèse* (1).

Tout consiste à savoir si Monseigneur Dupanloup admet le fait social des libertés modernes *comme des principes absolus et indéclinables ?* — voilà la thèse. — Ou bien : si, étant données les circonstances de temps, de lieu, de révolutions opérées, de renversements produits, etc., — Monseigneur Dupanloup pense que, eu égard à toutes ces circonstances, les libertés modernes peuvent et doivent être admises, sous peine de rendre annihilée et impossible même toute action catholique, toute immixtion de l'ordre religieux dans le mouvement social ? — Et voilà l'hypothèse. —

Les vrais amis de Monseigneur Dupanloup, ceux

(1) J'ai eu l'occasion, il y a bientôt trois ans, de passer une semaine de villégiature en Italie en compagnie du savant jésuite Ballerini ; toutes nos conversations ont invariablement roulé sur ce sujet. Elles m'ont paru assez importantes et j'y ai recueilli assez de données utiles pour j'aie cru devoir les noter: Tout revenait et tout revient là : LA THÈSE et l'*hypothèse*.

avec qui il a pu souvent verser les tristesses de son âme sur les tolérances devenues nécessaires aux temps infirmes et tourmentés que nous traversons, ceux-là savent bien à quel degré l'éminent prélat est autoritaire et inébranlable non-seulement dans les choses où la foi est intéressée, mais dans celles où l'ordre social est simplement en jeu. — Ceux-là savent à quoi s'en tenir des leçons du maître, des conseils du père, des exemples de l'ami.

Espérons que ceux qui ne l'ont pas jugé ainsi finiront par rendre justice à ses écrits et à sa vie.   G....

J'apporte à Monseigneur ces deux pages en lui rendant son mémoire. Il les garde un quart d'heure, les lit et me les retourne en me disant : « Merci de vous occuper ainsi de moi ; mais il n'y a rien à faire en ce sens : Tout essai de justification spontanée par mes amis ou par moi manquerait de dignité. J'ai volontiers fait ce mémoire pour le cardinal N.., parce qu'il y a ici une question de hiérarchie, d'autorité, qu'il faut toujours respecter. N'en parlons plus. »

J'en fus pour ma peine d'avoir tracé cet *essai de justification*. Et je ne le regretterai pas, si, deux ans après, il ajoute quelque intérêt à ces *notes* et *souvenirs*.

Le mémoire fut porté à Rome par un très-éminent personnage ecclésiastique, remis de la main à la main : Et je ne crois pas que jamais il lui ait été fait aucune réponse.

Il était péremptoire de vérité et de soumission.

XL

Explication au Pape.

Je viens d'avoir avec Monseigneur V... en pleine Place de Venise, une conversation très-longue et des plus intéressantes.

Monseigneur V., ancien conseiller d'état de Pie IX, ancien professeur de droit canon, auteur de plusieurs ouvrages très-estimés, est surtout remarquable par le sens pratique, par la franchise, par le pittoresque de son expression, par tout le jeu de sa physionomie...

Il m'a raconté, sur la situation réciproque du *Quirinal* et du *Vatican*, des choses aussi étranges qu'importantes.

. . . .

Il m'a reparlé concile, infaillibilité, etc., et voici, aussi textuellement que ma mémoire peut la reproduire, *une heure après l'avoir entendue*, sa narration :

« Je me suis un jour très-ouvertement expliqué avec le Saint-Père sur mon attitude pendant le concile. Pie IX m'a exprimé de vifs regrets, mais je me suis défendu et finalement j'ai gagné ma cause :

« Je lui ai dit : Saint-Père, j'ai toujours professé la doctrine de l'infaillibilité dans mes livres et du haut de la chaire. Mais je n'ai pas cru, je ne dis pas à l'*opportunité*, mais avec un mot plus adouci, je n'ai pas cru à la *nécessité* de cette définition. »

Ici se place une discussion fort vive (sur les motifs), que le Saint-Père a daigné avoir avec le prélat. Celui-ci continue :

« Du reste, très-Saint-Père, nous autres, Dupanloup, moi et beaucoup d'autres, nous avons eu le courage de nos opinions, nous avons fait une opposition conforme à nos sentiments, au risque de vous déplaire... par dévouement à la sainte Eglise et à votre personne.

« Et nous n'avons pas voulu dire : Il faut voter l'infaillibilité pour faire plaisir au Pape. »

Ici plusieurs observations et des noms propres qu'il est inutile de reproduire.

« Pie IX m'a dit : *Dupanloup a eu tort d'aller en Allemagne avant le concile, de chercher à influencer les évêques d'Amérique et les Orientaux... c'était trop d'agitation.* A quoi j'ai répondu : Si l'évêque d'Orléans croyait que la définition ne pouvait pas faire du bien et qu'elle pouvait au contraire faire du mal, il y avait pour lui UNE OBLIGATION DE CON-

SCIENCE, de s'opposer *par tous les moyens possibles*, voyages, réunions, discours, *par tous enfin*, à la définition.

« C'était une affaire de conscience.

« IL S'EST SOUMIS APRÈS, comme moi, comme tous : c'est l'important.

« Et Votre Sainteté est bien convaincue que le mérite de ceux qui ont adhéré franchement et de bon cœur *après* est au moins égal à ceux qui avaient fait de l'enthousiasme *auparavant*.

« Nous avons pris, nous, notre raison personnelle, notre sens privé; nous les avons jetés à terre et nous avons mis les pieds dessus !

« Depuis cette fois, ajoute mon interlocuteur, le Saint-Père ne m'a plus parlé de l'infaillibilité ni de Dupanloup.... et comme j'ai été très-franc, je suis assuré d'être justifié à ses yeux. Il est très-bon par sa personne, le Saint-Père... mais tous ne sont pas comme lui. »

Je ne crois pas avoir jamais pris part à une causerie intime où un interlocuteur me révélât plus de sagesse, d'indépendance, de franchise, de vertu et même d'éloquence que ne m'en a montré ce digne prélat. Quel homme remarquable !

Rome, 26 avril 1876. (Date importante.)

P. S. — Pendant que les précédentes lignes sont

sous presse, j'apprends par un témoignage très-sûr et d'origine romaine que, quelques heures avant sa mort, le cardinal Franchi demanda au prélat dont je viens de citer les paroles, d'accepter une des premières nonciatures d'Europe..... comme qui dirait celle de *Paris*.

« Ce n'est pas à soixante ans qu'on entre dans une carrière », a-t-il répondu. Mais cette offre, émanée de l'éminent et regretté secrétaire d'État prouve suffisamment la valeur de l'homme dont j'ai retracé le langage....

Elle démontrerait au besoin bien d'autres choses encore???...

Février 1879

XLI

Mon audience de Pie IX.

Je sors du Vatican. J'ai eu l'honneur, le bonheur, d'être reçu en audience privée, tout ce qu'il y a de plus privée, par le Souverain Pontife.

Il était sept heures et demie du soir, quand je suis entré. Huit heures avaient sonné depuis au moins six minutes, quand je suis sorti.

Le Pape a été d'une bonté, d'une affabilité dont on ne peut pas se douter, si on n'en a pas été l'objet.

Je ne me fais aucune illusion sur les motifs qui m'ont valu cette bienveillance si distinguée dans l'accueil et, avant cela, l'honneur d'être admis dans des conditions pareilles.

Le Pape a daigné me les dire.

D'abord, il savait que j'étais de la suite de l'Évêque d'Orléans ; il croyait même que j'avais auprès de lui des fonctions officielles. Et puis, il a ajouté :

« Je sais que vous avez parlé et même que vous

avez écrit contre l'opportunité de la définition; vous étiez avec Dupanloup... Ma! *que* vous usiez de votre droit, et *que* vous fesiez votre devoir. Il était bien bon, pour l'honneur de la vérité, qu'elle fût discutée avant d'être définie... Il y a un abîme entre la vérité *quelle* est définie et celle *quelle* ne l'est pas. Et cet abîme, c'est la foi qui le tient!... Mais, maintenant, je sais que vous êtes *contritus et attritus, credens et affirmans;* et c'est pour cela, mon fils, que je vous bénis de tout mon cœur. »

Et, en achevant ces mots, prononcés sur le ton d'un discours, Pie IX a daigné poser sur mon bras droit sa main qu'il m'a laissé prendre pour la baiser à l'aise. Je garderai jusqu'à la fin de ma vie le souvenir de cette conversation, comme on garde le testament d'un père.

Pie IX a daigné me dire encore :

« Ce qui me console, dans les grandes adversités que la Providence me ménage, c'est l'union de l'épiscopat et du clergé de tout l'univers catholique pour soutenir les droits du Saint-Siége. Et l'union des laïques aussi, de tous les catholiques enfin !

« Je suis vieux maintenant, et j'ai bien besoin que les bras des autres travaillent pour moi !

— Saint Père, lui ai-je répondu, les bras du

clergé et de l'épiscopat français sont tous à votre disposition, les bras et le cœur. Et à la tête de tous, est l'Évêque d'Orléans !

— Je le sais, et il travaille bien, et il est très-éloquent : mais il y a eu comme ça des *petites choses* avant le concile, et même après, qui ne m'ont pas fait plaisir ; mais il est bien bon, et c'est fini maintenant. Il va faire un ouvrage sur les spoliations que le gouvernement italien a exercées partout...

« ...C'est dommage qu'il est dans ce *libéralisme catholique.* »

Ces deux mots prononcés, Pie IX m'a regardé profondément, avec ce fin sourire qu'on lui connaît et qui a tant de charmes.

« Très-Saint Père, ai-je osé lui dire ; puisque j'ai cette occasion une fois dans ma vie, permettez-moi de demander à Votre Sainteté ce qu'Elle entend par le *libéralisme catholique ;* car, pour ma part, depuis si longtemps qu'on en parle, je n'en ai jamais trouvé une définition qui pût me le faire comprendre. »

Sans avoir besoin d'aucune réflexion, en homme à la pensée et aux lèvres duquel cette question s'était souvent présentée, Pie IX a daigné me répondre :

« Le libéralisme catholique, c'est : un pied dans la vérité et un pied dans l'erreur ; un pied dans l'Église et un pied dans le siècle ; un pied avec moi et un pied avec mes ennemis.

— Très-Saint Père, que mes deux pieds, mes deux mains, ma tête et mon cœur, demeurent à jamais avec vous ! » lui répondis-je.

« Allons, c'est très-bien, vous dites comme saint Pierre à Notre-Seigneur : *Non tantum pedes, sed et manus et caput !* C'est très-bien. »

Cette définition, d'un ordre tout moral, a été, pour moi, une bien grave leçon, je l'avoue.

Je ne transcrirai pas ici tout le reste de cette conversation, qui ne se rapporte plus à l'Évêque d'Orléans.

C'est au lendemain matin de cette audience que je lui disais : « Eventrez, vous aussi, la question ! »

Les malles étaient faites ; il était trop tard.

Le disciple avait eu plus de chance que le maître.

Rome, 29 avril 1874.

XLII

Au Colysée.

Rome, 20 avril 1874.

« Mon ami, si vous voulez nous irons un peu nous promener cette après-midi. — Avec grand plaisir ; Monseigneur. » Et nous faisons une visite bien élémentaire, cent fois répétée et toujours féconde en émotions nouvelles, nous nous arrêtons au Colysée.

Oh ! que je voudrais noter ici toutes les réflexions qu'il m'a faites, au courant d'une conversation de simple tête-à-tête ; toutes celles qu'a suscitées en moi ce spectacle commmenté par lui !

— « Les vieilles arènes ne sont plus que des ruines : mais la race de bêtes fauves qui dévoraient les chrétiens, il y a bientôt deux mille ans, n'est pas éteinte : les lions et les léopards se sont faits hommes, voilà tout.

— Autant vaudrait dire, Monseigneur, que certains hommes ont emprunté à ces bêtes leurs instincts.

— C'est vrai. Et ils ont aussi leur César qui préside les jeux, et les foules cruelles ou imbéciles qui applaudissent. »

Nous nous approchâmes de la croix de bois placée au milieu du cirque :

— « C'est une grande idée moderne d'avoir placé là, dans sa nudité, l'étendard pour lequel et par lequel tant de martyrs sont morts et ont vaincu !

« Nulle part mieux qu'ici n'est vérifiée cette parole : *Stat crux, dum volvitur orbis.*

— Les ruines de Rome sont bien en effet les ruines du monde entier : elles les attestent et les résument. Et la croix qui s'élève ici, plane également sur l'univers bouleversé.

— Il y a une autre parole dont le sens m'est bien cher et dont la vérification ne saurait manquer : *In hoc signo vinces.*

— Cette promesse doit être éternelle dans la ville des papes qui fut la ville de Constantin : mais ne trouvez-vous pas, Monseigneur, que, en ce moment, il y a autour de cette croix, un nuage qui rend un peu illisible l'inscription ?

— Non. Le triomphe de l'Église est assuré, le triomphe prochain. Seulement je ne crois pas qu'il réside absolument là où beaucoup pensent qu'il est. »

Et de ces hautes régions des considérations publiques, revenant à une émotion plus personnelle :

« Toutes les fois que je vois la croix du monde, qui est celle de Notre-Seigneur, je pense à la mienne, ou aux miennes, ajoute-t-il.

— La vôtre, Monseigneur, est toute radieuse et pacifiante : *O crux ave, spes unica* (1).

— Mon ami, mes armoiries appartiennent à tout le monde et l'on n'a pas besoin d'être évêque pour les prendre. »

Deux ans après cette journée j'ai vu se soulever l'indignation de notre digne évêque, quand je lui ai raconté que, sous prétexte de fouilles qu'on savait bien ne devoir rien produire, la grande croix de bois a été enlevée. — « Est-ce possible, s'est-il écrié !

— Oui, Monseigneur, car c'est fait.

Le Colysée est désormais plus incomplet que jamais.

— Ah ! les malheureux, ils sont donc plus cruels et plus brutes que ne le furent les barbares et les *Barberini !*

— Ils ont la prétention de redevenir antiques et ils se bornent à redevenir payens.

Ils affectent le goût des grandes origines et ils foulent aux pieds leurs plus grandes gloires.

(1) C'est l'exergue de ses armoiries.

— Ils ont inventé *une étoile*, qu'ils disent être l'étoile de la fondation de Rome : ils la mettent partout !

Insensés, aucune étoile ne remplacera la croix ! »

Ainsi, à deux années d'intervalle, j'ai eu deux conversations avec lui sur le Colysée, sur la croix...

Aucun de ses sermons, aucune de ses homélies ne retracera ces spontanéités d'une conversation émue.

Moi, je les ai saisies au vol, je les ai consignées dans mes souvenirs, et je les garde dans mon cœur, à côté de tout ce que Rome m'a offert de plus merveilleux !

XLIII

Chez les Sacramentate.

Assurément, c'est très-beau le Quirinal, et c'était bien plus beau, bien meilleur surtout, quand Victor-Emmanuel n'y était pas encore : j'aimais bien mieux regarder les statues, les chevaux, l'obélisque, quand tous ces bersaglieri, tous ces chapeaux à plume de coq et tous ces collets à étoile, ne se promenaient point par là.

Mais, enfin, voilà trois grands quarts d'heure que Monseigneur m'a laissé dans sa voiture — ceci veut dire dans un mauvais fiacre — en me disant : « J'entre un moment au palais R.... »

Un peu lassé d'attendre, je me décide à franchir le portail, à traverser une première cour, une longue avenue. Et je vois Monseigneur en train de dire son bréviaire, dans une grande allée plantée de lauriers-roses, de palmiers et d'aloès. Je tousse, afin que Sa Grandeur m'entende. Elle revient, cinq minutes après et me dit : « Ce jardin est fort beau, et je viens quelquefois m'y reposer, sans avoir même besoin de saluer le propriétaire... c'est bien commode.

— Une autre fois, j'y entrerai avec vous, Monseigneur, et je dirai aussi mon bréviaire.

— C'est vrai, j'aurais dû vous dire de me suivre... Eh bien, si vous voulez, nous entrerons un moment chez les *Sacramentate*, c'est justement l'heure du Salut. »

Nous entrons dans ce couvent de nonnes, vouées au culte du Très-saint Sacrement, comme leur nom l'indique. En homme qui avait l'habitude des lieux aussi bien que des heures, Monseigneur me fait passer par trois ou quatre petits couloirs et deux escaliers fort étroits ; il me mène à une petite tribune haute et grillée, d'où l'on apercevait l'autel.

Les moinesses achèvent en effet de psalmodier les Complies, et on va donner le salut. Monseigneur est à genoux, sur un gradin de bois, dans une attitude tellement verticale qu'il n'y a pas le moindre accoudoir pour faire l'office de prie-Dieu.

Un quart d'heure, une demi-heure, quarante minutes : il prie toujours, la tête dans ses mains, les yeux souvent fixés vers le tabernacle... J'ai honte, je l'avoue, de la fatigue que j'éprouve ; moi qui ai vingt-cinq ans de moins que lui !...

Mais je sens devant Dieu l'exemple qu'il me

donne... Je réfléchis sur lui — sur ce qu'on en pense à Paris, à Rome, partout... Et le voir là, derrière cette grille, ignoré de tous, excepté de moi, me semble quelque chose d'admirable ; cet acte si simple de sa vie personnelle, mystique, me pénètre, me fait du bien...

Ah ! vraiment, c'est un rude chrétien et un saint prêtre que cet homme ! Ceux qui ne l'ont jugé que dans les polémiques, où il devint célèbre, et dans les discours, où il fut éloquent, véhément, ceux-là ne connaissent que la moitié de lui-même, la moins merveilleuse assurément. Et moi, plus je vais au fond, et plus j'admire l'autre face de son existence : celle qui regarde le Ciel.

XLIV

Sa lecture spirituelle.

Parmi les livres qu'il emporte en voyage, il y en a toujours un qui est celui de sa *lecture spirituelle*. Il aime d'une manière particulière les vies de saints. C'est autour de lui que s'est formée, depuis quelques années, cette pléiade d'écrivains religieux qui s'est donné la mission si utile d'extraire de l'histoire générale de l'Eglise, quelques-unes de ses physionomies les plus saillantes, dignes objets d'un livre.

Son ami, M. de Montalembert, a commencé, et MM. Bougaud, Lagrange, Baunard ont suivi. Je ne saurais exprimer quels encouragements il m'a donnés, quand je lui ai apporté la vie de sainte Clotilde.

Je lui parlais un jour d'un ecclésiastique qu'il ne connaissait pas et que je voulais lui faire apprécier : tout fut fait quand je lui eus dit que ce prêtre était l'auteur de la vie de saint Thomas-d'Aquin. Il la voulut aussitôt, et quelques jours après il m'écrivit ; M. Bareille, votre ami, est un homme fort remarquable; son histoire de saint Thomas-d'Aquin est un très-beau livre.

Il aime donc, d'une véritable préférence, faire dans ces livres écrits par ses amis, sa lecture spirituelle, et voici la raison qu'il en donne :

« Je multiplie mes jouissances, dit-il, celles de l'âme et celles du cœur. Les premières en étudiant et retrouvant la conduite des saints ; les secondes en pensant à ceux de mes amis qui ont écrit ces livres ; surtout quand ils sont morts ! »

Il me disait cela, en relisant, pour la dixième fois peut-être, *Les Moines d'Occident* de M. de Montalembert.

Nuances bien affectueuses que celles-là.

XLV

Son chapelet.

On dit que Richelieu avait obtenu du pape la permission de réciter tout son bréviaire en une fois, pour avoir plus de liberté dans ses travaux, après ce devoir religieux.

L'évêque d'Orléans, en des jours où il est aussi occupé qu'aucun ministre, se fait au contraire un plaisir et une loi de couper son temps par la récitation de quelque prière. Son bréviaire est toujours dit : mais, à la condition de ne point transférer au soir ce qui est pour le matin, et réciproquement. Il le commence dès que l'heure réglementaire l'y autorise.

Il a deux ou trois exercices de piété dans la matinée, autant dans la soirée. En sorte qu'il passe rarement plus de deux heures sans vaquer à la prière, sans s'occuper de son âme.

« Cela repose et cela fortifie, dit-il : c'est une diversion et un aliment. »

Le chapelet est une dévotion à laquelle il ne sait

pas manquer. Il le porte toujours avec lui, dans sa poche; et il le récite avec toutes les petites cérémonies usitées à Saint-Sulpice; baisant la croix et se signant avant de commencer : récitant le *Salve regina*... après.

En voyage il lui arrive de réciter plusieurs chapelets, de dire tout le rosaire.

Edifiante simplicité qui le montre si fidèle à ce qu'on a appelé *le bréviaire des ignorants !* Si l'on s'était négligé dans l'exercice de cette dévotion, on s'y sentirait retrempé rien qu'en le voyant faire. C'est le parfum du bon exemple, qui attire toujours.

Mardi dernier il visitait un bon curé de campagne. Au moment du départ, Monseigneur lui dit : M. le curé avez-vous un chapelet de reste dans votre maison, je voudrais bien vous prier de me le prêter ? — Monseigneur je n'en ai point *de reste*, mais j'ai à vous offrir le mien, répondit le curé.

L'évêque attendit qu'il l'eût tiré de sa poche et le lui eût présenté. Il l'accepta même; mais, au moment de monter en voiture, il le lui rendit en disant : Mon ami, toute réflexion faite, je ne veux pas vous priver de votre chapelet, je retrouverai bien le mien en arrivant. Mais le curé eut un bon point dans l'estime de son évêque.

Il me fit un jour — un peu malicieusement peut-être — la même demande. Mais je lui donnai mon chapelet et je ne voulus plus le reprendre, le provoquant ainsi à me donner le sien, ce qu'il ne fit pas : c'est *un souvenir*, me dit-il, en élevant son regard.

P.-S. — A qui aura été laissé ce pieux objet dont les grains roulèrent tant de fois dans ses doigts?? Heureux légataire, chère relique !

XLVI

Le chemin de la croix. — La retraite pascale.

« Il arrivera, il n'arrivera pas. » Les uns disent oui, les autres disent non : mais il a fait adresser de Viroflay, la semaine dernière, au rédacteur des annales une note ainsi conçue : *Monseigneur Dupanloup présidera le chemin de la croix le vendredi de la passion, à 7 heures 1/4.*

Il est six heures, six et demie, sept heures. Et tout le monde attend, avec des points d'interrogation encore ? Quelques minutes après, le maître des cérémonies va avertir Sa Grandeur, que c'est l'heure d'aller à la cathédrale.

L'évêque était déjà revêtu de son habit de chœur et il descendit, aussi naturellement que s'il n'avait pas quitté son palais de la journée. Il y avait trois mois qu'il n'y était venu !

Or, le matin de cette journée, il avait travaillé avec ses secrétaires jusqu'à midi : il était parti pour Paris après le déjeuner et était allé donner huit ou dix audiences à la rue de Monsieur. Il avait gagné le train de quatre heures : pendant le trajet, il avait récité son bréviaire, son chapelet, fait toutes ses dévotions. Il avait sauté, c'est le mot, du wagon dans une voiture, de cette voiture dans sa chambre : et le voilà, à la minute prescrite, au rendez-vous prévu.

« Monseigneur est arrivé ! Monseigneur y est ! nous en étions bien sûrs. »

Avec une piété qui me pénètre — car je suis à son côté, — il fait ses quatorze stations à genoux sur les dalles et il donne la bénédiction finale : à huit heures, il prend une légère collation en nous adressant son salut de bienvenue. Tout s'anime, tout prend dans le palais une vie que le méthodique M. Gaduel n'y apportait pas. Je suis tenté de croire qu'à la cathédrale aussi bien qu'à la maison, la station de Carême va vraiment commencer.

Le fait est qu'elle prend dès cette heure un nouvel essor. C'est la grande semaine, la semaine des retraites : J'ai pris pour moi celle des mères de famille, cette spécialité convient mieux à mes goûts et à mes aptitudes. Je prêche deux fois par jour : ce qui plait bien plus à Monseigneur que si j'eusse prêché une fois seulement.

A deux, ils se partagent la retraite des hommes : Monseigneur Dupanloup et M. l'abbé Bernard.

J'envie peu, je l'avoue, le sort apostolique de ce digne ecclésiastique en ce moment, malgré son incontestable talent.

L'évêque monte en chaire avant lui, fait une glose de dix minutes, qui sont facilement doublées, après quoi on chante le miserere; après quoi M. Bernard prononce *un discours*.

Il est correct, philosophique, élevé, remarquable enfin, quoique l'entraînement ne soit pas son fort.

Mais évidemment l'évêque (qui entraîne, lui, aussi bien qu'il élève) a doublé, triplé les difficultés à son prédicateur.

Ses larges paraphrases de la Sainte-Ecriture, ses cris apostoliques, tout cela ferait une péroraison, beaucoup mieux qu'un exorde.

Moi, je ne suis pas d'avis que Monseigneur renonce à cette tradition qui rend si justement contents ses chers Orléanais; mais si j'étais le prédicateur de cette retraite, je demanderais au contraire à Monseigneur de prolonger un peu son discours; et je voudrais... *être supprimé*.

La fin a été bonne : à nous trois, nous avions préparé une belle fête pascale :

« Heureux les aiglons, disais-je en clôturant, à qui la Providence a fait l'honneur d'être portés sur les ailes de l'aigle! »

Beaux souvenirs, durables impressions.

XLVII

Son goût pour les voyages.

Comme il aime les voyages, ce cher Monseigneur ; et comme il est différent de lui-même, gai, satisfait, reposé, aussitôt qu'il est en route. Aussi moi qui ai un peu pris *le département de sa santé*, dans son gouvernement, je le fais volontiers voyager.

Ce matin, il m'a envoyé par son valet de chambre un sac de voyage très-confortable et relativement beau, avec une lettre ainsi conçue :

Cher ami, vous êtes le plus aimable compagnon de voyage que je connaisse. Permettez-moi de vous offrir un souvenir d'amitié qui vous rappellera d'une façon parlante le plaisir que j'ai de me trouver avec vous.

Je vous attends demain pour arrêter notre itinéraire.

Tout à vous du fond du cœur en N.-S.

† F.

Merci, Monseigneur, de cette attention délicate, presque originale. Nous nous en servirons ensemble quelquefois. Et puis je le garderai durant toute ma vie à mon usage absolument personnel, comme ce grand portefeuille aux coins d'or, qui vous sui partout et auquel se rattache un grand souvenir.

Je me suis rendu en effet et je l'ai trouvé, l'indicateur en main, ayant barré avec un crayon rouge les stations où l'on s'arrêterait, avec un crayon bleu les heures où l'on repartirait ?

Et le cher abbé Lagrange, à qui il n'a rien confié encore, m'a dit : Monseigneur est tout gai depuis trois jours... Vous avez dû décider quelque voyage ? — C'est vrai, mais attendez qu'il vous en parle.

Et puis il me disait :

« Voyez-vous, mon ami, les voyages ont pour moi un grand charme. J'en jouis trois fois ; d'abord, avant de me mettre en route, pendant que je les prépare ; ensuite pendant que je les fais, c'est évident. Et enfin, lorsque je suis revenu, par tous les bons souvenirs qu'il me laissent. »

Novembre 1875.

Voici deux lettres, se rapportant à un voyage manqué d'abord, repris deux mois après, définitivement très-tronqué.

Le caractère du cher et éminent pèlerin est entre ces quelques lignes :

> La Chapelle-Saint-Mesmin, près Orléans,
> (Loiret), le 5 octobre 1876.

Mon cher Ami,

J'ai examiné, ce matin même, l'itinéraire que je suivrai.

Je dois à Bordeaux avant tout, dîner et coucher chez le bon Cardinal.

De là, je voudrais aller à Alby, à moins que nous ne partions de suite dans le wagon *gracieux* qu'on nous propose.

Mais dites-moi d'abord ce qu'il entend par ce wagon *gracieux* et qui serait si tentant, au moins pour Burgos !

En tous cas, veuillez lui dire ma vive reconnaissance.

Combien je désirerais aussi causer avec *lui* (1) du programme dont il vous a parlé.

Tout à vous du fond du cœur en N.-S.

† F. Évêque d'Orléans.

---

(1) *Lui* était un homme politique de la gauche, duquel Monseigneur disait un jour : Oh ! celui-là, c'est tout ce qu'il y a de plus convaincu et de plus honnête. Ah ! si tous les républicains lui ressemblaient, je me ferais bien volontiers républicain moi-même. J'exagère certainement la discrétion en ne le nommant pas.

P. S. — Indiquez-moi l'itinéraire précis que j'aurai à suivre pour aller de Bordeaux à Luchon ou de Bordeaux à Alby, et d'Alby à Luchon ou de Luchon à Alby.

Car, hélas ! pour le rêve espagnol, en y réfléchissant, je n'y compte guère.

Orléans, le 18 octobre 1876.

Cher Ami,

Je suis condamné à bien des sacrifices, et celui-ci m'est extrêmement pénible.

Mais le Sénat étant convoqué pour le 30 — M. Dufaure m'a écrit à cet égard une lettre particulière très-pressante — et les plus graves affaires pour le clergé et pour l'Eglise venant dès le commencement, je suis tout à fait obligé de préparer deux ou trois discours sur l'aumônerie militaire, sur le budget des succursalistes, sur la séparation de l'Eglise de l'Etat, et sur d'autres sujets encore.

Et je n'ai vraiment pas assez de temps, même en restant ici jusqu'au 30.

A plus forte raison, ce cher voyage m'est-il impossible en ce moment.

Je ne puis assez vous dire mes regrets, mes excuses et mes vœux pour l'avenir.

Tout à vous bien affectueusement en N. S.

† F. Evêque d'Orléans.

P. S. — J'écris au bon Archevêque d'Alby.

XLVIII

En route pour les Pyrénées. — Bordeaux, Bayonne, Lourdes.

Mais Monseigneur tient à ce voyage, et nous le ferons.

Nous entrons en décembre, — c'est égal.

Il est fort enrhumé; — raison de plus pour changer d'air.

Le froid redouble à Paris; — il doit faire bien meilleur dans les régions méridionales.

« J'aime mieux m'en aller bien loin, qu'être ici condamné à ne pas sortir de ma chambre. »

Les élections des inamovibles du Sénat sont imminentes. — « Je crois bien qu'on me nommera sans que j'y sois, et qu'on n'a guère besoin de moi pour la nomination de mes amis. D'ailleurs, nous reviendrons. »

Et, malgré tout ce qui se dresse à l'encontre, le 2 décembre, date fatale! Monseigneur part de Viroflay, à sept heures du matin, me prend à domicile en traversant Paris. Il neigeait à plein ciel!

Nous voilà partis. Nous passons devant Orléans : et Monseigneur éprouve une joie enfantine de jouer aux Orléanais un tour bien innocent : passer sans s'y arrêter. Aux Aubrais cependant, il blottit dans le coin de la voiture son visage satisfait : « C'est bon, dit-il, nous n'avons rencontré aucun indiscret. »

A Tours ou plutôt à Saint-Pierre-des-Cors, nous n'avons plus de neige, mais un beau rayon de soleil : « Descendons pour en mieux jouir, » dit Monseigneur. Et jamais il ne s'est plus applaudi d'aucun acte d'indépendance que de celui par lequel il s'est arraché à l'ennui qui l'avait saisi.

Le fait est que Monseigneur ne tousse plus. Hier encore, il m'écrivait cette phrase singulière : « J'ai eu, cette nuit, une quinte de toux qui a duré deux jours. » Deux jours en une nuit !

O imagination des grands hommes, que vous avez de puissance dans ces logis supérieurs !

« Bref, c'est évident, c'est matériellement indiscutable, je ne tousse plus. »

Bravo, Monseigneur ! nous sommes en bonne voie !

Enfin ! Nous voilà à Bordeaux : le cardinal Donnet nous a reçus avec une magnificence princière, avec une simplicité, une affabilité dont il a le secret. On naît gentilhomme, comme on naît brun ou blond ; Mgr Donnet est né gentilhomme. Le bonheur que lui fait éprouver cette visite est manifeste. Il a le courage de ses sympathies, et elles sont grandes pour l'Évêque d'Orléans. Un jour, il a dit à Pie IX : « Très-Saint Père,... » Mais la phrase a déjà trouvé sa place dans ces notes : elle est assez saillante pour n'avoir pas besoin d'être redite.

Mais qu'a dû répondre Pie IX ?... voilà ce que le cardinal ne m'a point dit.

La journée a été bonne et belle : nous sommes sortis à pied, nous avons visité les quinconces, les quais et le jardin public. Nous avons même porté nos remercîments à mon vieux camarade Joseph Cuzol, pour les incomparables pruneaux auxquels Monseigneur doit la santé et la vie. Les médecins le lui ont dit : Il faut bien qu'il le croie... Et nous partons le lendemain.

Nous sommes, à Bayonne, reçus à l'évêché par Mgr de Lacroix, qui a été jadis le professeur de Mgr Dupanloup. Le vieillard, plus qu'octogénaire, semble rajeuni par cette visite. Au contact de leurs souvenirs déjà si lointains, leurs visages s'envoient de réciproques clartés : Quel élève vous avez fait, Monseigneur ! quel élève !

On demande à Mgr Dupanloup de prêcher à la cathédrale ; c'est le premier dimanche de l'Avent. Mais moi, qui prévois le coup, je l'évite ou plutôt je le pare : « Mon compagnon de voyage fera cela pour moi, » dit Monseigneur ; et, comme je veux avant tout que Monseigneur se repose..., j'accepte sans me faire prier, et je prêche de mon mieux.

Le bruit s'est répandu que Mgr Dupanloup doit prêcher : la cathédrale est comble. Je n'en suis pas fâché.

Grande réunion, le soir. Tout le monde est content, à l'exception de quelques chanoines qui donnent à la visite de Mgr Dupanloup une singulière signification : ils croient que l'Évêque d'Orléans est venu proposer au leur un coadjuteur ! Je n'ose pas dire : *et le leur présenter*. Braves confrères, n'ayez pas peur : vous vous êtes trompés ! Monseigneur n'a pas même songé encore à prendre un coadjuteur pour lui-même.

Une large couche de neige est tombée pendant la nuit, et Monseigneur déteste la neige : « J'aime la nature, j'aime les montagnes ; mais la neige m'est odieuse, dit-il, pour ce motif qu'elle cache tout. Toutes les formes de la nature disparaissent sous ce voile. C'est un vrai linceul. » Or l'Évêque d'Orléans a horreur de tout ce qui ressemble au linceul et à la mort. Il ne s'en cache pas.

Trois heures plus tard, nous étions à Pau, où nous attendait le plus beau soleil et la plus gracieuse hospitalité. M. de Nadaillac, le préfet, fut un des catéchistes de 1831. A la bonne heure, nous voici dans le vrai Midi !...

Que de fois j'avais vu, avant ce jour, le château de Pau, la magnifique terrasse, les coteaux échelonnés du Jurançon, le Gave qui se déploie dans la vallée comme un serpent dans une prairie. Jamais ces spectacles ne m'avaient paru beaux comme à cette heure, où ils étaient caractérisés d'une phrase, d'un mot, par mon illustre compagnon.

Et nous songions à en jouir, hélas! quand une dépêche, deux dépêches, dix dépêches viennent relancer le prélat-député. Les élections des inamovibles sont là ! Et M. Buffet, et M. Depeyre, et M. de Meaux ne me pardonnent pas d'avoir ainsi amené, loin de Paris, un de leurs éclaireurs les plus expérimentés. — Ah ! Messieurs! je n'y suis pour rien, que pour l'accompagnement, je vous l'assure. Vous le faites revenir, c'est bien. Mais je vous déclare que quand M. Dufaure se serait fait votre complice, vous ne l'auriez pas empêché de partir. Ça n'a duré que quatre jours, mais il s'en est allé... et loin encore !

« J'avais absolument besoin de me déplacer, dit-il ; nous avons voyagé sans presque séjourner nulle part ; c'est égal, cela m'a fait du bien. Nous y reviendrons. »

Nous ferons cependant une station au sanctuaire

de Lourdes. On nous reçoit dans l'ancien petit châlet de l'évêque, qui, entre parenthèse, ne s'est pas dérangé pour venir attendre son éminent collègue. Évidemment, il y a eu impossibilité.

Dieu ! quel froid aigu ! La glace a pris la place de la neige ; la neige est devenue glace,... c'est tout ce qu'on peut imaginer de plus rude et de plus sec.

Eh bien, en arrivant, quand la nuit était épaisse, à huit heures du soir, le 7 décembre, il a voulu aller prier en plein air, faire le pèlerinage à la grotte..... Et, durant un quart d'heure, nous le vîmes agenouillé, prosterné, priant avec une ferveur qui l'absorbait.

Le lendemain matin, dès six heures, il célébrait la Sainte Messe dans la crypte, sans aucun des appareils, dont on eût voulu rehausser sa présence au jour d'une solennité.

Grand spectacle que celui d'un chrétien de cette trempe, agenouillé sur la terre nue, sous une voûte sombre, le 8 décembre, à six heures du matin, à l'heure où le monde dort encore .. Il priait pour la France, pour l'Église, pour ses chers Orléanais... pour tant d'intérêts concentrés en son cœur !

J'ai visité vingt fois ce sanctuaire, j'étais aux plus somptueuses manifestations... Jamais je n'y recueillis une abondante moisson d'émotions comme ce jour-là, cette nuit et cette matinée où j'étais *seul avec lui*

Il a fallu renoncer à voir *mes chers rochers*, but cependant de notre voyage. Nous sommes retournés par Bordeaux, où la même hospitalité nous attendait.

Singulière remarque : après avoir constaté les grandes vertus religieuses et sociales qui règnent dans ce palais, l'Évêque d'Orléans me disait : « Mon ami, je crois que je ne prendrai jamais un coadjuteur ! »

XLIX

A une voix de majorité.

Voilà trois jours que, de ballotage en ballotage, à trois voix, à deux voix, à une voix près, Monseigneur n'est pas nommé sénateur inamovible.

Cet échec est pour lui tout ce qu'il y a de plus inattendu et il le porte très-péniblement : « Mais aussi, dit-il, qui aurait pu prévoir cette entente de l'extrême droite avec la gauche? C'est absurde et déshonorant. » Et il ajoute bien d'autres épithètes encore.

Ses amis consultés ne sont point sûrs qu'il y arrive.

Il me vient alors une pensée singulière, que je me garde de lui communiquer ; je vais à quelques membres de l'extrême gauche, et j'essaye la fameuse *corruption électorale*.

Le citoyen Marcou me répond : « Je le nommerais à cause de son talent et de sa grande influence, mais ces motifs même m'interdisent de le nommer : c'est un chef de parti. »

Singulière coïncidence : Mme M..., que je rencontre dans la salle des pas perdus, me demande un service auquel elle attache le plus grand prix : tout dépend d'un de mes plus intimes amis.

« Madame, je consens à entrer dans vos vues, mais *donnant-donnant*. Promettez-moi que vous allez intriguer, pendant toute la soirée, pour donner au moins quatre ou cinq voix à l'évêque d'Orléans.

— Vous savez tous mes sentiments pour lui, mais tout est tellement décidé entre ces messieurs que je n'y peux rien ; je ne veux pas vous promettre ce que je ne peux pas faire.

— Promettez-moi au moins la voix de votre mari ?

— Ceci est différent, M... tient beaucoup à ce que je vous demande et aussi beaucoup à vous faire plaisir..., mais...

— Eh bien, madame, convenons : Je serai chez mon ami, ce soir ; si vous y venez, afin de présenter votre requête, c'est une preuve que votre mari se sera engagé avec vous à voter pour Monseigneur. Si, au contraire, vous ne venez pas, ce sera une preuve que ma condition aura été repoussée.

— J'accepte, à la condition qu'aucune explication sur ce point délicat ne sera échangée, ni à ce moment, ni après.

— Aucune et jamais. »

J'attendis avec anxiété : vers l'heure convenue, la sonnette s'ébranla et on annonça Mme M... Après les compliments d'usage, elle formula, sous mes auspices, une recommandation qui fut parfaitement accueillie et qui — entre parenthèse — a été réalisée.

Et moi, je me disais : *J'ai gagné une voix à Monseigneur !* Car j'ai absolument foi à l'honnêteté de ce couple radical ; et c'était promis...

Le lendemain les élections recommencèrent, et Monseigneur fut élu sénateur inamovible, à... *une voix* de majorité...

Qui la lui a donnée ?

Comme c'est drôle !

Décembre 1875.

L

A propos d'un coadjuteur (1).

« Eh bien, mon ami, que dit-on de nouveau dans le monde ?

— Depuis votre voyage à Rome, Monseigneur, on ne parle parmi vos amis et dans le monde ecclésiastique, que de votre futur coadjuteur.

— On est bien plus avancé que moi ; car je ne sais pas même qui il est.

— Votre réponse, Monseigneur, me prouve jusqu'à l'évidence que, si vous ignorez encore le nom de la personne, vous êtes on ne peut plus décidé sur la question du principe. J'espérais que tous ces bruits étaient sans fondement ; je vois que je m'étais trompé.

— Vous êtes donc très-opposé à l'idée de me voir prendre un coadjuteur ? Et pourquoi ?

— Monseigneur, parce que, à mon humble avis,

(1) Rien de plus impersonnel que cette conversation ; et c'est pourquoi, après avoir été librement tenue, elle peut être transcrite sans offenser personne.

prendre un coadjuteur est une action contre nature, une mesure dont toutes les expériences démontrent l'erreur.

— Ah! vraiment, et comment entendez-vous cela?

— J'appelle contre nature se donner à soi-même, de son vivant et à l'état de parfaite santé, un successeur qui, par la force des choses, aura tout intérêt à ce que le titulaire disparaisse bientôt..., soit en *s'effaçant* librement, soit *en étant effacé* d'une manière plus absolue encore... *quod Deus avertat!*

« Selon moi, cela équivaut à donner son bien *à fonds perdu*; cela crée une anomalie que j'appelle deux monarques dans un palais. Encore, s'il n'y avait que deux monarques, mais il se fait peu à peu deux cours. Le soleil levant est en général le plus salué. Et le déclin de l'autre en est d'autant plus douloureux.

« Quant aux expériences, Monseigneur, elles sont on ne peut pas plus concluantes. Vous n'avez assurément pas la prétention d'avoir un meilleur caractère que certains de vos plus éminents amis, et je crois que très-difficilement vous rencontrerez un homme aussi distingué, aussi pieux, ayant en un mot autant de qualités que son coadjuteur.

— C'est vrai.

— Eh bien, souvenez-vous des facéties charmantes qu'on vous a racontées. Est-ce que vous voudriez aussi être transformée en *belle-mère?* »

Monseigneur sourit, mais il réfléchit et certainement il va hésiter.

Je continue :

« Tenez, je vais encore vous citer un exemple : L'éminent cardinal d'Astros, à un âge où il n'avait plus qu'un œil, aucune dent qu'un ratelier postiche, pas d'autres cheveux que ceux de sa perruque, où il marchait appuyé sur une canne et avait en outre besoin du bras de son secrétaire quand il y avait un escalier à monter ou à descendre, Monseigneur d'Astros prit pour coadjuteur Monseigneur Miolan, déjà évêque d'Amiens. Le jour de son arrivée, tous les prédicateurs du pays parlaient éloquemment d'Athanase et de Basyle.... Ces modèles de l'amitié entre évêques, qui (soit dit entre parenthèse) ne se sont jamais vus et par conséquent n'étaient pas le coadjuteur l'un de l'autre. Mais après quelque temps les détails d'intérieur n'étaient pas faciles, je vous l'assure. Les saints n'ont pas tous les mêmes goûts ni les mêmes habitudes! Ils ne sont pas toujours très-commodes entre eux.

— Mais savez-vous que vous êtes très-ferré sur les coadjuteurs et que vous me paraissez très-convaincu.

— Oui, Monseigneur, aussi convaincu que désintéressé, et je vous supplie d'épargner à vos amis et à vous cette angoisse pour vos dernières années, que la Providence daignera faire longues et fructueuses, je l'espère bien.

— Mon ami, tout ça est fort sérieux et fort touchant ; mais je ne peux pas être à tout, et il faut que je donne ma démission de sénateur, si je ne dois pas, plus que par le passé, résider à Orléans.

— Ah ! je comprends, Monseigneur, votre conscience est en jeu, et je sais, par ouï dire, qu'on lui a suggéré récemment quelques respectables inquiétudes. Mais alors, tranchez différemment la question : vous démettre du sénat, jamais ! c'est inadmissible. Donnez-vous un *auxiliaire,* un premier vicaire général-évêque, qui administrera des confirmations, fera des ordinations, des tournées pastorales et tout le reste, sous la sauvegarde de votre autorité ! Certes, les hommes ne vous manquent pas autour de vous, dans votre propre maison. Si après expérience vous voulez absolument faire plus, vous y êtes toujours à temps ; mais, à votre place, j'imposerais à l'élu un bon *noviciat* avant de l'admettre à la *profession.*

— Oui, en effet, ce serait une solution. Il administrerait des sacrements, ferait des tournées pastorales, résiderait d'une façon permanente..., et tout le reste irait de même. Il y a une idée là-dedans : j'y réfléchirai.

— Encore un mot, Monseigneur :
« Vous aimez votre bonne ville d'Orléans : Eh! bien, un des hommes les plus graves qui vous y aiment le plus, disait ces jours derniers : C'est fini, Monseigneur est perdu pour nous, s'il prend un coadjuteur. Il ne reviendra plus à Orléans. »

Si j'avais calculé ma conversation, je n'aurais pas trouvé à l'avance un meilleur *mot de la fin*.

Monseigneur n'a rien répliqué que ceci : « Ah! vraiment, on a dit que je ne retournerai plus à Orléans! Eh! bien, j'y demeurerai, pour n'avoir pas à y retourner. »

« Maintenant, si vous voulez, avant d'entrer *dans la fournaise*, nous allons dire un peu de bréviaire.
— Très-volontiers, Monseigneur. »

Et selon mon usage, je l'ai laissé prier, réfléchissant à ce que nous venions de dire. J'ai été bien énergique, mais pas plus que je ne l'aime. D'ailleurs j'ignore absolument à qui il a pensé, mais je ne serais pas étonné que ceci changeât ses dispositions.

Quant aux conseillers de cette affaire, ils sont peut-être un peu déçus déjà d'avoir travaillé pour d'autres. *Sic vos, non vobis !*

3 février 1877. — De Viroflay à Versailles.

LI

Dans la rue de Sèvres.

« Comment, vous aujourd'hui et à cette heure ici ? Vous n'êtes donc pas au sacre ?

— Non, personne ne m'y a invité. Et puis, à vous dire vrai, je n'aime pas assister à l'enterrement d'un homme plein de vie !

— Le fait est que c'est étrange... »

LII

A propos de Monseigneur le coadjuteur.

Sous les arbres de La Chapelle, juin 1877.

« Eh bien, Monseigneur, vous voilà ayant des droits au repos ; nous allons maintenant employer sans scrupule ce qui s'appelle *le temps libre*.

— Oui, si vous voulez, nous irons en Espagne, où j'ai le plus grand désir d'aller faire une visite au comte de Paris ?

— Ça donne beaucoup de liberté d'avoir un coadjuteur.

— Ah ! oui, le connaissez-vous ?

— Et vous, Monseigneur, le connaissez-vous ?

— Il a été mon élève autrefois quand il avait seize ans, et il était d'une douceur et d'une piété angéliques !

— Oui, Monseigneur, je suis toujours persistant dans mes théories sur les coadjuteurs, mais je sais qu'il y a des cas où la question des personnes emporte la question des principes, et d'après tout ce que j'ai entendu dire à Paris, à Orléans, partout, vous avez eu la main si heureuse que ce cas sera vérifié chez vous. *Deo gratias !* Je ne regrette rien de ce que je vous ai dit, pour vous détourner ; je ne redoute plus rien pour votre paix, de ce que vous avez cru devoir faire.

— Ne regrettez rien, mon ami ! les gens qui me disent la vérité sont assez rares. »

Et puis, suivant la satisfaction qu'il a coutume de manifester, quand on lui a donné une formule qui va à sa pensée, il a ajouté :

« C'est cela, vous avez très-bien traduit la situation : *Il y a des cas où la question des personnes l'emporte sur la question des principes.*

« *L'emporte sur* » vaut-il mieux que « *emporte ?* » Je ne sais ? mais on dit chez-nous : affaire faite, conseil pris. A quoi bon le troubler désormais. D'ailleurs j'ai été sincère : il n'y a pas d'éloge que ne fassent du coadjuteur toutes les personnes qui l'ont connu... Monseigneur Dupanloup et lui, c'est l'eau et le feu : cela peut bien aller ensemble.

Mais... reparlons voyage... Et la goutte ?? Hélas ! ce voyage sera encore un château en Espagne... cher et bon Monseigneur ! »

Hyères, février 1878.

« C'est singulier ; le coadjuteur m'écrit pour me dire que *les catholiques d'Orléans* se proposent d'illuminer leurs maisons à propos de l'élection du nouveau pape. Assurément, je suis très-heureux de cette élection qui déjoue tant de projets ennemis et a posé la tiare sur la tête d'un homme si éminent ; mais je me demande ce qu'on entend par *les catholiques d'Orléans*, et je ne voudrais pas qu'on s'expose à une mystification, ce qui arriverait infailliblement si l'enthousiasme manquait d'unité et s'il n'y avait çà et là que quelques lampions?... »

Voilà ma réponse.

— Vous gouvernez donc encore le diocèse d'Orléans, Monseigneur??

— Oui, et le coadjuteur me consulte sur les moindres choses. Vous voyez?

— Oui, Monseigneur, et c'est d'autant plus agréable, qu'en gouvernant ainsi à Orléans, vous réparez vos forces à Hyères.

« Tout est au mieux, pour Monseigneur le coadjuteur et pour vous. »

LIII

Sa lettre à Henri V.

Les légitimistes ont fait grand bruit de la lettre que l'Évêque d'Orléans a cru devoir adresser au comte de Chambord. Ils lui cotent grief des conseils qu'il s'est cru en droit de donner au Prince.

Évidemment, c'est de leur part une erreur et une injustice.

Et qui donc donnera des avis à un puissant, à un roi, sinon un évêque, un vieillard, un homme politique ? Or, l'Évêque d'Orléans est tout cela. Donc le fond de sa démarche est sauf. Elle est, à ce point de vue, honorable autant que légitime.

A-t-il manqué de respect dans la forme ? Non. Il parle avec autant de déférence que de fermeté. Il a dit au Roi ce qu'il croyait, ce qu'il savait être le meilleur : la vérité.

La dignité n'a pas plus fait défaut à son zèle, que le respect à son patriotisme.

Il eût gravement manqué à ces devoirs de haute convenance, s'il eût donné à sa lettre quelque publicité. Le retentissement de ces conseils eût été blessant pour celui qui ne croyait pas devoir les suivre.

Mais c'est tout le contraire qui a eu lieu.

L'Évêque d'Orléans, si habitué au bruit, a gardé cette fois la plus scrupuleuse réserve ; auprès de ses amis mêmes, le plus rigoureux secret.

Il a fait un acte de conscience entre Henri V et lui. Il aurait pu, par dévouement personnel et par patriotisme, lui dire des choses bien plus sévères. Il aurait pu se tromper même, sans manquer en rien au respect, du moment qu'il ne s'adressait *qu'à lui, à lui seul*. L'irrévérence, en pareil cas, ne peut venir que de la publicité.

Singulière remarque : la publicité est venue de Frosdorff. Le Prince a adressé à l'Évêque une réponse que *l'Union* a reçue au moins aussitôt que le prélat destinataire.

Cette réponse, adressée à *Monsieur l'Évêque*, renferme une leçon très-peu dissimulée. Henri V s'en réfère à l'exemple du Pape, qu'un évêque, semble-t-il, doit comprendre encore mieux qu'un roi.

Et, pour donner à cette leçon royale la publicité voulue, il a bien fallu publier aussi la lettre qui en était cause. On en a distrait quelques alinéas. *L'Union* a commis là une erreur, qui semblerait empruntée à tel de ses confrères de la presse.

Donc le fait de la publicité de ces avis n'est nullement imputable à l'Évêque d'Orléans. Et, quand on le connaît bien, on doit lui tenir compte du silence dans lequel il s'est renfermé en cette circonstance.

Après tout, l'Evêque d'Orléans a été le premier inventeur de cette machine politique, qui s'est appelée *la fusion*. Un moment, il a pu espérer, avec un immense nombre de bons Français, qu'elle allait soulever la France jusqu'à la monarchie. Il a tout fait pour vaincre ce qu'il appelle une résistance inopportune du futur monarque. Il a gémi, comme un homme qui voit périr ce qu'il appelait *une planche de salut*.

LIV

**La table de Monseigneur. — Les personnages
et les conversations.**

Un compositeur dramatique, deux rédacteurs de journaux, Mme la M^se de C., accompagnée de sa fille, un bon curé du Berry, voilà l'impromptu du déjeuner d'aujourd'hui. Tout ce monde était invité ou a été retenu ; cela revient au même. Ce qu'il y a de sûr, c'est que, à onze heures et demie, Monseigneur a sonné son valet de chambre et lui a dit : « Vous ajouterez cinq couverts », celui du curé non compris ; car il est arrivé pendant qu'on se rendait à la salle à manger.

La cuisinière et tout le personnel de la maison sont trop habitués à ces improvisations pour y trouver rien d'étrange : Les vicaires généraux arrivent, plus d'un n'a pas fait sa barbe... Du reste, Monseigneur lui-même ne verra ses convives qu'au moment de se mettre à table. Ils sont venus dans la matinée et il a fait répondre à chacun : A midi et demi pour déjeuner... Sauf Mme la M^se et sa fille qu'il a envoyées chauffer leurs pieds chez moi jusqu'à l'heure voulue.

Et les choses se passent ainsi toujours, à Orléans, à La Chapelle (et plus tard à Viroflay).

Ce que l'on appelle *la mense épiscopale* doit coûter cher à Sa Grandeur : car tout y est abondant et distingué, quoique sans recherche, jusque dans ces cas qui ne sont plus fortuits. Mais je crois être assuré que cela vaut et rend encore plus que ça ne coûte... à tous les points de vue. Monseigneur qui n'a jamais tenu une carte, ni un dé... sait jouer *à qui perd gagne*, même sans y mettre d'intention.

Rien ne sert mieux à ses bonnes œuvres que le train de sa maison.

En ces occasions les sujets de conversations sont naturellement amenés par les convives... C'est comme partout. Seulement, c'est très-intéressant que cette variété-là.

Notons en passant qu'on lit toujours, avant le repas, un passage du Nouveau Testament; un fragment de l'Imitation de J.-C., après.

Plus d'un mécréant qui s'est assis là en fut fort édifié.

Quand il n'y a point d'invités, ce qui a plus particulièrement lieu le soir, la conversation a naturellement plus d'intimité; mais jamais le moindre laisser-aller.

C'est un singulier moyen de juger les hommes, les maîtres de maison, les évêques en particulier, que le genre de conversations qui se tiennent à leur table.

Je connais un bon archevêque chez lequel on est gai, presque du potage au dessert. Pas de gaudrioles, mais des plaisanteries où le goût de chacun se montre en pleine liberté, à preuve de l'indulgence presque excessive de ce bon père.

Chez Monseigneur G..., on parle beaucoup de ce qui se mange et même de ce qui se boit : la critique du civet ou des alouettes joue un rôle considérable dans les propos qui se succèdent comme les plats. Ce n'est pas désagréable et cela ne fait de mal à personne.

Chez le bon vieillard de L..., on passe son temps à raconter les histoires d'autrefois... Et *Baptiste* prend quelquefois la parole, sans y être invité, pour souffler à Monseigneur un nom propre d'homme ou de village que Sa Grandeur a oubliés... Un jour, on prononça le nom de Monseigneur G..., Baptiste se mêla à la conversation pour dire : « Il n'était pas des bons au concile, celui-là ». Je le regardai avec pitié, mais personne ne le remit à sa place, à preuve qu'il y était.

Chez le cardinal d'A..., on parlait d'affaires presque tout le temps du repas ; les assiettes étaient posées sur deux petites tables rondes à *étagère*, qu'on appelait des *servantes ;* ce qui veut dire qu'on se servait beaucoup soi-même. Le valet de chambre apparaissait à peine quatre ou cinq fois dans le courant du dîner : ceci est déjà lointain et fort démodé.

Chez l'évêque d'Orléans, il est au contraire convenu qu'on ne cause pas affaires durant le repas : soit parce que l'on est toujours exposé à n'être pas entre soi, soit surtout parce que l'on a assez travaillé avant, et qu'on travaillera assez après.

D'ailleurs, ça n'est pas long ; quand Monseigneur est là et qu'il n'y a point d'invités, en vingt-cinq minutes c'est fait ; comme au séminaire... Et jamais on ne demeure à table un moment de plus, aussitôt le repas fini : « Mon ami, si vous voulez nous lire l'Imitation ??.., dit Monseigneur. » Et toutes les serviettes sont pliées.

Là encore on ne dit pas de joyeusetés !

Le recensement des nouvelles politiques, des livres ou des brochures parus, les incidents survenus dans le monde administratif ou politique..., littérature, philosophie, anecdotes se rapportant à un sujet toujours grave, quand même elles seraient gaies...

L'évêque parle très-peu à table et il écoute parois aussi peu, parce qu'il est à ce qu'il fait : or, en ce moment il nourrit le corps.

Sa famille ecclésiastique ressemble quelquefois à un comité d'absorbés : chacun a, avant de descendre, laissé sur sa table un discours inachevé, une thèse qu'il complétait... Chacun poursuit plus ou moins le fil d'idées personnelles.

Le plus causeur est ce petit homme aux lunettes épaisses qui raconte sans cesse des histoires de Marseille et de Marseillais.

Nature aussi opposée à celle de l'évêque que le brouillard l'est au soleil. Lent, diffus, incorrect dans son langage, peu élevé dans ses observations, sévère dans ses jugements sur les hommes et peu au courant des choses. Il appartient à cette catégorie de gens qui ne sont jamais aimables, même quand ils sont très-bons, et attirent peu la confiance, même quand ils méritent le plus profond respect.

On dit qu'en apportant cet esprit de dévotion hargneuse à la correction des épreuves de Monseigneur, sa critique lui est d'une véritable utilité. C'est possible, car Monseigneur tient beaucoup à lui.

Singulière remarque : on rencontre dans beaucoup d'évêchés un de ces hommes qui n'étant ni littérateur, ni philosophe, ni orateur, ni surtout agréable, ont la réputation du théologien, la pose de l'administrateur et sont *le nécessaire* de la maison.

J'en ai connu un, autrefois, jeune encore celui-là, à qui je demandai quelles étaient ses fonctions particulières. Il me répondit : J'ai la mission de veiller à la porte du cœur de Monseigneur. Le fait est qu'il y ferait consciencieusement l'office de repoussoir.

Mais en revanche (et pour ne parler que du présent) l'évêque d'Orléans a autour de lui trois hommes éminents, distingués, aimables.

Le dernier venu, le plus modeste des trois, est un Alsacien qui n'a pas voulu être annexé avec l'établissement ecclésiastique où il professait la philosophie : esprit très-méthodique, passionné pour la clarté, ayant un langage plus incisif et plus correct qu'il n'est élevé et brillant ; mais raisonnable et pratique : nature indépendante et dévouée. Cachant sous des dehors un peu incultes des qualités d'élite ; aimant peu Orléans où il n'a jamais vécu, mais très-attaché à l'évêque qui a discerné sa valeur..., il applique depuis quelque temps sa principale activité à la restauration, au soutien de la *Défense* dont il préside le conseil d'administration... Signalé service rendu à l'évêque.

Mais quelle peine il m'a faite à notre dernière rencontre ! J'ai cru voir un squelette ambulant ; et en lui donnant une poignée de mains, il m'a semblé que je touchais une morceau de bois (1).

Des deux autres, l'un est un écrivain encore plus distingué qu'il n'est un remarquable orateur. Ses capacités littéraires ont pu un moment faire à l'évêque l'illusion de croire qu'il ferait un bénéfice personnel en l'attirant auprès de lui. C'est une erreur. Ces habitudes de servir un homme, quelque éminent qu'il soit, ne se prennent plus, quand on est déjà un homme soi-même. Quiconque a signé des livres remarqués, ne concourt plus à faire des livres ou des brochures que d'autres doivent publier.

On est alors pour le chef un collaborateur en administration, on n'est pas un chercheur ni un secrétaire pour l'intimité. Déception très-honorable que celle qui consiste à avoir mis la main sur un maître, quand on cherchait un disciple.

Ajoutez à cela des divergences d'opinion sur des questions libres, mais très-délicates.

Il a fallu de part et d'autre un grand savoir-vivre, pour que cela ait duré douze ans, avec des sentiments profonds, mais qui se résument en une estime réciproque.

(1) Hélas! M. l'abbé Guthelin était en effet mortellement atteint. Trois mois après cette rencontre, il est mort au château de Lacombe dans l'Isère. Et sa mort a précédé d'un mois à peine celle de Monseigneur Dupanloup dans le même château. Quelles tristes vacances!

Pour le troisième c'est différent : Il a été pendant vingt ans, le suivant indispensable, l'ombre fidèle, l'*alter ego* de l'évêque. Je ne crois pas que le dévouement à une grande mission puisse se manifester sous une forme plus énergique, plus constante, plus sincère.

Nature délicate, existence frêle, soutenant à certaines époques le travail le plus ardu, le plus ingrat, — comme le sont les recherches —; le travail le plus désintéressé, comme le sont les recherches pour autrui — mais chercheur qui compose, doublure qui est elle-même une personnalité.

Histoire, apologétique, poésie même, tout ce qui fait l'ornement de l'esprit et contribue à l'anoblissement de la vie dans la culture des lettres sacrées et profanes a trouvé en lui un foyer, des inspirations, un langage, une action. C'est surtout lui qui porte le deuil du cœur.

Un devoir et un honneur très-considérables lui sont imposés. Il va écrire la vie de cet homme vraiment extraordinaire.

Par certains côtés cette tâche lui revient si bien qu'il semble le seul à pouvoir la remplir. C'est bien au fils qu'il appartient de tracer les vertus du père.

Bon pour le cœur. Mais cette vie est *une histoire*, une histoire complexe, mêlée, plus que celle d'aucun autre contemporain, au mouvement des affaires publiques, en religion et en politique, — à Rome et presque en Europe, aussi bien qu'à Paris et en France.

Celui qui participa à toutes ces actions aura-t-il un esprit suffisant d'impersonnalité, une indépendance assez complète pour que cette histoire ne tourne pas absolument au panégyrique??

Grave question, très-grave.

En ce qui regarde le prêtre, l'évêque, point de difficulté.

En ce qui regarde le polémiste, le politique, l'homme enfin, « il faut tenir compte de tout, disait notre cher et saint évêque, même des passions des hommes. »

Et qui fut sans passion? — Ce ne fut point l'évêque d'Orléans.

Nous sommes loin de la salle à manger de l'évêché d'Orléans et des conversations qu'on y tient; en voici un souvenir :

Un soir les deux hommes, dont je viens de tracer, d'une main libre et amie, la silhouette, se prirent de querelle fort interéssante sur cette question : Laquelle a le plus souffert de Marie-Antoinette ou de Marie-Stuart : tortures physiques et tortures morales, atrocité des bourreaux, horreurs des traitements et des lieux ; analyse psychologique : tout ce qui peut contribuer à tracer un portrait saisissant était au pouvoir des deux interlocuteurs. Leur discussion avait ûne vrai charme.

L'évêque les a laissés parler un quart d'heure sur ce sujet et puis il leur a dit avec une très-fine bienveillance : « Mais, mes amis, *les douleurs ne se comparent pas.* »

Ç'a été le mot de la fin et l'on a lu le chapitre de l'Imitation intitulé : *des divers mouvements de la nature et de la grâce.* Il renfermait plus d'une application...

Les douleurs ne se comparent pas! Comme c'est vrai : et comme chacun s'absorbe en la sienne ! Comme c'est vrai et comme le même fait, provocateur de la douleur, la produit, au double ou au centuple, selon les natures sur lesquelles ce fait tombe.

Il est vrai que les natures elles-mêmes pouvant être comparées dans leurs rapports avec les douleurs, on peut en induire quelques jugements à peu près sûrs.

Mystère, mystère !!

Voilà de quoi on cause entre la poire du jardin et le fromage d'Olivet.

Ça ne serait pas commode pour les ignorants, mais c'est très-intéressant pour tous ceux qui comprennent.

LV

Monsieur Thiers. — Le 24 mai.

Je crois qu'on pourrait composer tout un livre sur les rapports de M. Thiers et de l'évêque d'Orléans. J'en sais deux anecdotes, que je transcrirai : elles ont eu lieu à dix ans d'intervalle l'une de l'autre ; aussi accusent-elles, de la part du prélat, des sentiments bien différents :

1. Au mois de juin 1865, quand M. Thiers venait de prononcer ces grands et beaux discours qui établirent si noblement les droits de l'Église et les prérogatives du Saint-Siége, l'évêque d'Orléans, qui n'était alors ni député, ni sénateur, me pria un jour de venir rue de Monsieur, 20, et là il me dicta la lettre suivante :

A Monsieur Thiers, membre du Corps législatif, de l'Académie française.

Monsieur et cher Collègue,

Je reçois du Souverain Pontife une lettre, dans

laquelle Sa Sainteté me charge de vous exprimer ses félicitations et ses remercîments, pour la manière vraiment éloquente et courageuse avec laquelle vous avez défendu la plus noble et la plus sainte des causes.

Le Saint-Père ajoute combien il serait heureux et consolé de vous voir remonter enfin jusqu'aux principes dont vous déduisez si admirablement les conséquences.

Permettez-moi, Monsieur et cher Collègue, de me placer tout à fait à côté du Souverain Pontife dans l'intérêt qu'il porte à votre âme si éclairée et si vaillante. Quand j'y pense, je ne saurais mieux traduire mes sentiments que par ce souvenir classique, de notre grand Corneille :

Mon Dieu, de ses bontés il faut que je l'obtienne !
Elle a trop de vertus pour n'être pas chrétienne.

† F.

Et comme l'évêque d'Orléans a toujours eu un très-grand goût pour les *Post-scriptum*, il ajouta celui-ci :

« Du reste, Monsieur, je ne saurais mieux faire que de vous envoyer le texte même de la lettre que j'ai reçue. » Et je dus transcrire le texte latin, dont je me souviens moins que de ce qui précède.

A cette époque, l'évêque dominait, en Mgr Dupanloup, l'académicien ; mais tous deux vivaient en lui. Il avait rêvé une sorte d'apostolat au sein de l'Institut. M. de Rémusat et quelques autres s'expliquèrent par là quelques avances très-significatives de la part de l'évêque d'Orléans. Mais, hélas ! l'illusion ne fut pas longue ; et l'on sait ce qui suivit l'élection de M. Littré...

2. Voici le second trait :

Huit ans après, M. Thiers était président de la République française et habitait le palais de la Préfecture de Versailles. Mgr Dupanloup était représentant de la nation au Corps Législatif et habitait la villa Bonrepos, à Viroflay.

Je ne sais pas au juste quel accord avait pu intervenir entre ces deux hommes, ce qu'ils s'étaient réciproquement promis, ni s'ils s'étaient promis quelque chose. Ce qu'il y a de sûr, c'est que depuis quelque temps M. Thiers se plaignait de l'évêque d'Orléans en des termes parfois très-peu parlementaires. Car le grand petit homme avait des formules plus que gauloises. De son côté, Mgr Dupanloup disait avec une certaine indignation : *M. Thiers nous a trompés !*

Or, une personne de l'intimité de M. Thiers allait habituellement déjeuner à la présidence le dimanche... Au retour elle faisait une station à Viroflay. De quoi causer, si non de ce qu'elle avait ouï au palais? Les renseignements les plus intéressants et les plus précis arrivaient donc à l'évêque-député, par une voie on ne peut pas plus directe, et sans aucune inquisition de sa part.

Un de ces dimanches donc, la personne rapporta ceci : M. Thiers m'a dit : « Décidément il n'y a plus qu'un rôle qui me soit possible en France et je le remplirai... jusqu'au bout. (Jusqu'au bout, c'est le mot des présidents!) Ce rôle est celui de *Washington*. Il faut je sois le Washington de la France. »

— Vraiment, il vous a dit cela? interrogea l'évêque. — Textuellement et d'un ton d'affirmation très-délibéré... Et il a ajouté : « J'ai traité de fou-furieux ce pauvre Gambetta, et on me renvoie bien souvent ces deux expressions : mais il n'est pas si fou que l'on veut bien le dire, et sa fureur ne manque pas d'une certaine prévoyance. Il est fougueux ; mais à l'heure présente je le regarde comme un des hommes les plus pratiques et dont l'idée doit aboutir »

L'évêque se leva et dit : « Voyons, répétez-moi bien cela et affirmez-moi que c'est très-exact, que vous n'y changez rien. »

La personne reprit, affirma, déclara qu'elle n'avait rien à changer.

L'évêque d'Orléans partit immédiatement pour Paris ; il alla raconter à ses amis politiques, à son groupe, ce qu'il venait d'apprendre et, dans leur conseil, le renversement de M. Thiers, à n'importe quel prix, par n'importe quelle alliance, fut décidé. Ce n'était plus qu'une question de temps.

Mais comme il fallait donner un remplaçant à M. Thiers, après une nouvelle délibération, l'évêque alla (1) trouver le maréchal de Mac-Mahon et, faisant appel à son honneur et à son patriotisme, lui dit : Pouvons-nous compter sur vous, en cas de la déchéance de M. Thiers, que nous voulons renverser à tout prix ?

Le maréchal déclara que, si un jour le pouvoir devenait vacant *sans sa participation*, et qu'il lui fût spontanément offert, il ferait toujours son devoir pour servir et sauver son pays.

Cette déclaration suffit, on se mit à l'œuvre, il fallut du temps : car cela alla du mois de décembre au 24 mai.

Mais cela aboutit.

Or, je ne commets aucune indiscrétion en racon-

---

(1) Peut-être faudrait-il dire : *on* alla.

tant ces faits et je ne peux commettre aucune inexactitude. Voici comment :

Au mois de janvier 1876, j'accompagnais Mgr Dupanloup dans un château de Seine-et-Oise, chez un homme politique de ses amis.

Mgr qui avait l'habitude de rentrer à sa chambre avant neuf heures, resta ce soir-là au salon jusqu'à dix heures et demie. Jamais il ne m'avait rendu témoin de pareille infraction. Je lui fis bien promettre qu'il ne se lèverait pas à cinq heures le lendemain.

Or, pendant cette soirée si intéressante, il avait tenu en suspens toute la société en racontant *telle que je viens de la transcrire*, l'histoire du 24 mai. Il y avait quinze personnes au salon. — Toute la famille, les instituteurs et les institutrices, etc. Mgr n'a demandé aucun secret à personne.

Et je suis un narrateur si fidèle, que Monseigneur ayant désigné tout le temps le messager intermédiaire sous ce nom *une personne*, je n'ai jamais cherché à savoir si c'était un homme ou une femme ? — et je ne le sais pas.

Mais je sais bien qui a fait le 24 mai, qui en a eu l'initiative.

Après tout, pourquoi ne pas le dire, puisque c'est vrai. Puisque si, au point de vue des hommes politiques de la gauche, le 24 mai fut un sujet de récrimination, au point de vue des conservateurs le 24 mai fut une victoire.

Il y avait, depuis la commune, un fait dont Mgr Dupanloup conservait le plus amer souvenir à la charge de M. Thiers : Cet homme, avait vaincu cette commune, soit : mais il avait laissé massacrer les otages, quand, à tout prix, il eût fallu les sauver :

« Je leur aurais donné dix mille têtes de Blanqui pour une tête de l'archevêque de Paris, disait le prélat : cela aurait eu un double effet : d'abord d'éviter ces abominables crimes et ensuite de leur prouver qu'on n'avait pas peur d'eux, en leur rendant leur chef.

« Je sais bien, ajoutait-il, qu'on ne pactise pas avec des révoltés. En principe, c'est vrai, mais dans l'espèce, tout était admissible pour éviter l'effusion de ce sang, auprès duquel l'incendie des Tuileries et de l'Hôtel-de-Ville n'est rien ! »

Ceci n'a que la valeur d'une opinion, diront quelques politiques : c'était la sienne.

Encore un mot :
M. Thiers a commis une immense faute :
Il fallait, après la Commune, nommer l'évêque d'Orléans archevêque de Paris. On a bien dit

qu'il avait consulté Rome et que Rome, sans répondre négativement, avait opposé l'impopularité de l'évêque auprès des ultramontains de France.

L'évêque d'Orléans aurait peut-être refusé.

Qu'importe?

L'hommage mérité aurait été rendu.

C'eût été une *justice* et, au point de vue personnel de M. Thiers, *une prudence.*

Mais M. Thiers croyait n'avoir jamais besoin de personne.

LVI

Déjeûner chez un protestant

Nous étions annoncés à déjeuner chez M. B... Nous arrivons à midi moins un quart, au lieu de onze heures et demie. M. B... n'a pas reçu la dépêche de Monseigneur, car il est à la campagne depuis trois jours.

Comment faire ? Il faut partir à une heure vingt-cinq minutes : car la séance d'aujourd'hui doit avoir, au Sénat, une très-grande importance.

« Monseigneur, vous n'avez certainement jamais déjeuné au restaurant, à Paris ?

— Jamais.

— Je ne veux pas vous y conduire, et cependant ? Mais j'ai, dans le voisinage de la gare, une famille de mes amis, où l'on ne déjeune jamais avant midi, et qui serait bien heureuse de **vous** recevoir.

— Vous croyez que ça se peut ?

— J'en réponds.

— Allons, ce sera comme vous voudrez. »

Nous arrivons à la rue d'Amsterdam. J'annonce l'heureuse nouvelle. Jugez de la satisfaction et de l'impromptu : les quatre enfants ravis, quoique un peu timides ; le maître et la maîtresse de maison émerveillés, quoique très-peu habitués à de pareilles visites. On verra pourquoi.

Tout se passe au mieux, et, après le repas, le chef de famille nous ramène à la gare, à l'heure très-précise ; heureux et fier de porter sous son bras le portefeuille de Monseigneur, — le grand portefeuille aux coins d'or légué à l'évêque par M. de Talleyrand.

« Quelle excellente famille vous m'avez fait connaître là, me dit Monseigneur. Il faudra la revoir, lui faire ma visite de remerciment, etc.

— Hé, Monseigneur! figurez-vous que ce sont d'affreux *huguenots*, chez lesquels je vous ai fourvoyé, sans vous le dire ; mais nous étions si pressés !

— Ah ! vraiment, ce sont des protestants ; je ne peux pas dire que j'en suis bien aise, mais c'est une raison de plus pour que je leur sois reconnaissant. »

Et, dès ce moment, il leur envoyait ses brochures, ses mandements, et il a pu, malgré les divergences, trouver en ce milieu un souscripteur d'actions à *la Défense.*

Mai 1876.

Voilà comme il était simple et bon, cet homme ; comme il était tolérant et digne, cet évêque, quand il rencontrait, chez les dissidents eux-mêmes, l'honnêteté et la vertu.

LVII

Avec son éditeur.

Je reçois ce matin l'invitation suivante :

Viroflay, 9 janvier 1875.

Mon cher ami,

J'ai absolument besoin de vous voir pour une affaire très-importante.

Venez donc dîner avec nous lundi à midi.

Tout à vous du fond du cœur, en N. S.

† F.

Que peut donc vouloir, Monseigneur ?

Une *affaire très-importante ? besoin absolu* de vous voir.

Je me creuse un peu le cerveau. Et j'ai presque la simplicité de croire qu'il peut être question de quelque chose qui me concerne personnellement ?.. que Monseigneur s'est occupé de moi ou de quelqu'un des miens; et qu'il a quelque nouvelle à m'annoncer? que sais-je?

Un peu trop impatient, je vais jusqu'à demander à un de ses amis : Savez-vous ce que Monseigneur me veut? — Non.

Enfin, le lundi venu, je cours à Viroflay.

Monseigneur n'est pas plus froid que de coutume ; mais, l'ardente préoccupation de me faire venir ayant cessé, il me dit très-naturellement : « Mon ami, je voudrais bien que vous vous chargiez de régler mes affaires avec mon éditeur, et d'arrêter avec lui, pour la prochaine brochure qui paraîtra dans huit jours, des conditions aussi avantageuses que possible.

« Je le ferai bien volontiers et de mon mieux, Monseigneur. »

Je me dis, à part moi : Il a en tête quelque entreprise en vue de laquelle l'argent lui est nécessaire. C'était probablement *La Défense* qui déjà se faisait sentir?

Et voilà l'importante, la très-importante affaire !

Je vais chez l'éditeur dès le lendemain et je lui porte ma double requête.

M. D... me répond : Sur le premier point, aucune difficulté ; car je crois bien que Monseigneur est mon débiteur. (Un auteur à qui son éditeur a donné plus d'argent qu'il ne lui en devait ; c'est rare !)

« En ce qui regarde la prochaine publication de Monseigneur, s'il n'y avait pas chez moi une question de vieille habitude et d'honneur pour ma maison, j'y renoncerais; car je joue à qui gagne perd. »

Je me récriai et Monseigneur se récriera beaucoup plus.

« Mon Dieu, c'est pourtant très-simple : En fait d'ouvage sérieux (je veux dire sérieux quant au volume), Monseigneur ne fait guère que des réimpressions. Et, dame, les collectionneurs ne sont pas nombreux, et il faut longtemps attendre avant d'avoir couvert les frais d'une réédition.

« Pour ce qui tient aux brochures, ça ne rapporte plus rien, et c'est de la faute de Monseigneur !

— « Comment cela ?

— « C'est fort simple : Monseigneur envoie sa brochure à deux, trois journaux, la veille du jour où elle doit paraître. Quand l'édition arrive, elle est déflorée; elle est invendable. Les seuls collectionneurs la demandent.

« Que Monseigneur fasse imprimer quatre cents pages au lieu de soixante; et surtout qu'il interdise la reproduction quasi-intégrale à ses amis de la Presse. Ça pourra aller. »

Frappé du raisonnement de ce brave homme, je le rapporte fidèlement à notre cher évêque.

Tentative inutile : plusieurs feuillets sont déjà envoyés au *Français* et au *Correspondant* : Et la correction des épreuves n'est pas encore finie !

La correction des épreuves ! En voilà une affaire qui coûte cher ! On n'a pas d'idée du maniement, du remaniement par lequel sont passés, en huit jours quelquefois, des écrits qui semblent tout ce qu'il y a de plus improvisé :

« Portez cette épreuve à l'imprimerie et dites que vous repasserez dans deux heures pour la reprendre. — Mais, Monseigneur, c'est impossible ; il faut une journée. »

Voilà un mot qui ne lui va pas : *impossible*. Ce qu'il y a de plus fort, c'est que ceux qui ont mis le mot en avant finissent par arriver.

Ah ! les imprimeurs et les éditeurs ! Je les connais. Eh bien, ils ont souvent travaillé pour la gloire avec l'évêque d'Orléans !

LVIII

La chambre aux brochures.

On m'a logé à côté aujourd'hui, et comme j'en profite !

Au second étage de l'aile gauche du Palais épiscopal, directement au-dessus de la chambre de Monseigneur, est une bibliothèque d'un usage tout particulier : Ce sont les œuvres du Prélat, rangées dans des casiers par petits colis de 25, de 50, de 100 exemplaires selon l'importance : c'est plutôt la petite librairie privée de l'évêque.

C'est là qu'il va prendre, quand il veut offrir un souvenir de lui, soit à un enfant, soit à une mère de famille.

Toute la vie de l'auteur est là : c'est la chambre des œuvres complètes : Et j'y ferai bien quelques larcins dont je m'accuserai avec plaisir.

En attendant, je parcours tous ces titres : Et j'étudie l'homme, le prêtre, le moraliste, l'évêque, le politique : tout y est.

Ouvrages de fond et ouvrages d'à-propos.

Parmi les premiers tout ce qui se rapporte à l'instruction, à l'éducation :

Instruction sur l'œuvre du catéchisme ;

Méthode générale du catéchisme ;

Du respect dans l'éducation ;

De l'autorité dans l'éducation ;

L'homme d'éducation ;

Et puis, *La haute éducation intellectuelle* : Les humanités, l'histoire, la philosophie et les sciences :
Et ses lettres aux hommes du monde sur les études qui leur conviennent.

Son catéchisme chrétien, offert aux hommes du monde.

Ses études morales sur : *L'enfant, la femme studieuse, le mariage chrétien...*

Ainsi je vois bien qu'il a tout embrassé dans son système éducateur. Il a dit à tous les âges et à toutes les conditions leurs devoirs et leurs bonheurs, leur but et leurs moyens.

Vraiment *je fais ici une étude intéressante* et je m'y complais.

Dans un autre rayon, dans d'autres rayons, sont les brochures à proprement parler :

Ses discours prononcés au congrès de Malines.

Ses souvenirs de Rome...

Sa fameuse polémique avec M. Grandguillot et

son procès avec la famille d'un de ses prédécesseurs à l'évêché d'Orléans ; procès dans lequel M. Dufaure a prononcé une des plus belles plaidoiries de sa vie d'avocat, lui qui en a prononcé tant d'autres : le défenseur était au niveau de l'accusé...

Et la brochure plus fameuse encore : *le Pape et le congrès*, qui fut tirée à trois cent mille exemplaires, et l'eût été à un nombre plus considérable, si la rapidité des presses avait pu répondre à l'avidité publique.

Et celle sur la Convention du 15 septembre et sur l'Encyclique du 8 décembre.

Et sa lettre à Minghetti, qui est restée sans réponse, parce que il n'y avait rien à y contredire...

Et cette collection de lettres, d'avertissements, de mandements à son clergé et à ses fidèles, sur toutes les questions contemporaines qui ont été soulevées sur la religion, la morale, l'ordre public...

Et tous ses discours à la Chambre, aux Chambres, sur les matières les plus hautes... les plus importantes.

Et son beau livre : sur la Souveraineté pontificale.

Et sa Vie de Jésus-Christ, dont j'ai sur ma table un exemplaire annoté par lui...

Tout y est, jusqu'à cette brochure de seize pages intitulée :

*Lettre de M. l'évêque d'Orléans
à M. Gambetta.*

Avec cette finale :
« Veuillez agréer, Monsieur, avec le regret que j'ai de vous combattre, l'expression de tous les sentiments qu'un collègue a l'honneur de vous offrir. »

Ce n'est pas compromettant de tendresse et pourtant la couverture est verte. Espérance, espérance!! Monseigneur en a converti bien d'autres!

A-t-il travaillé cet homme, a-t-il travaillé!

Il est cependant à remarquer que, dans la masse de ces ouvrages, ce qui domine n'est pas le labeur de l'érudition : la spontanéité, l'improvisation, le souffle moderne est le principal caractère de toutes ses œuvres.

Il ne pioche pas à la façon des bénédictins...

Il est plus à l'aise dans les tourbillons d'aujourd'hui que dans la poussière apaisée des siècles d'autrefois...

Il ne fera jamais un discours sur l'histoire universelle, ni une histoire des variations... Mais il fera l'oraison funèbre de Lamoricière, comme s'il était lui-même un soldat; il prononcera trois fois l'éloge de Jeanne d'Arc sans se répéter, et son troisième discours sera plus beau que le second et que le premier.

Nature de spontanéité et de feu.

Produire presque aussitôt après avoir conçu. Mais avoir une gestation tellement effervescente que les heures valent des jours et les jours des années.

Voilà le penseur, l'écrivain, l'homme.

Délicieuse matinée que je viens de passer avec lui, sans qu'il s'en soit douté.

Je me réfugierai quelquefois dans cette cachette, maintenant que je la connais... car j'ai fait un très-agréable *voyage autour de la chambre* des brochures de Monseigneur.

Orléans, 8 mai 1875.

LIX

Un Bordelais conquis.

Partout où il paraît, on l'entoure, on le regarde, on l'admire ; on s'attend à une impression extraordinaire, on la subit, même quand il ne dit rien, qu'on le veuille ou non, même quand on lui est hostile.

A la table de S. E. le cardinal de Bordeaux est mon ami M. G..., un partisan convaincu des systèmes les plus extrêmes, mais d'une remarquable intelligence et d'une honnêteté hors ligne. C'est lui qui, il y a six ans, pendant la guerre, prit chaleureusement ma défense auprès du nonce Chigi, dans une circonstance que j'ai dû dire, toujours à propos de l'évêque d'Orléans.

M. l'abbé G... regardait, écoutait, cherchait des phrases à effet sur les lèvres de l'homme simple. Il a soulevé habilement dix questions de politique, d'ordre social, etc. Mgr Dupanloup ne répondait que par des monosyllabes ou par des interrogations. Ce qui est la grande diplomatie de sa simplicité. *Interroger* au lieu d'affirmer : mais que d'affirmations, dans le seul ton d'une question ?

« Lancez-le donc un peu, » m'a dit à mi-voix le cher abbé G... Et je n'en ai rien fait ; car, s'il s'en était douté, j'aurais produit deux effets très-assurés : d'abord il aurait gardé un silence obstiné, voyant qu'on voulait le faire poser ; et en second lieu il m'aurait traité d'insensé, de m'être fait le complice d'un pareil projet.

Avant la fin du repas, l'animation et l'intérêt sont venus d'eux-mêmes. On a parlé de Rome et du pape, de Victor-Emmanuel et de M. Thiers ; on a même parlé du comte de Chambord et des chances qu'il avait perdues naguère.

Mon ami Bordelais a été ému, subjugué. Il nous a reconduits le lendemain à la gare, où il n'était pas venu nous attendre la veille. Ami énergique de l'évêque de Poitiers, il a voulu baiser les mains de l'évêque d'Orléans et la dernière parole qu'il m'a dite a été celle-ci : Comme il fait bon voir de près les hommes vraiment distingués. Je suis bien converti, je l'avoue, à l'endroit de celui-ci.

Et, de son côté, l'Évêque à qui on avait dit beaucoup de choses étranges de M. l'abbé G..., me disait : Il est bien aimable, bien distingué, et il a l'air bien bon votre ami ; je conçois que le cardinal en fasse un aussi grand cas.

Quel dommage que Son Eminence n'eût pas invité ce jour-là l'éloquent et irascible M. L..., lui qui, l'année dernière, sans égard pour la peine qu'il pouvait me faire, comparait l'évêque d'Orléans « à un notaire de son pays qui venait de faire une banqueroute frauduleuse, après avoir appelé, par de fausses apparences d'honnêteté, toute une clientèle désormais ruinée. »

Ah! cher M. L..., que ce grand évêque a une charité bien supérieure à la vôtre!

Décembre 1874.

LX

Deux comtemporains.

Ces deux beaux vieillards! Je leur ai fait la surprise de les réunir et je n'ai voulu personne qu'eux : moi seul, entre les deux.

Ils ont parlé de leurs jeunes années, du vieux temps d'autrefois! Ils ont raconté, ou plutôt ils se sont rappelé de nombreux traits de la vie de Monseigneur de Quélen, de M. Borderies surtout.

Il m'a paru, par toute cette conversation, que c'était un homme bien éminent que M. Borderies.

Le curé a exprimé à l'évêque un désir qui renfermait un affectueux reproche : « Vous nous avez promis la vie de M. Borderies. Et voilà trente ans que vous nous la faites attendre. »

— C'est vrai, c'est vrai, a répondu l'évêque : elle est toute faite, entièrement finie : mais c'est si difficile à publier, les vies des contemporains. Et puis ça n'intéressera plus guère que les anciens et ils ne sont plus nombreux. — Ça intéressera tout le monde, quand surtout ce sera vous qui l'aurez fait... »

Je les ai écoutés avec un respect avide, avec une curiosité satisfaite... et je me sentais sinon vieillir au moins mûrir à côté d'eux :

L'un grand, svelte, droit, portant sur sa tête qui ne se penche pas, une abondante chevelure blanche... Une tête dans le genre de celle que les portraits du grand siècle donnent à Bossuet... Majestueux et simple, austère et bon ; ramenant sur ses lèvres un sourire qu'il ne prodigue pas, mais qui a un charme inexprimable. Beaucoup plus aristocrate que populaire, dans ce faubourg Saint-Germain et dans cette paroisse de Sainte-Clotilde dont il est le premier curé et le fondateur...

L'autre plus petit de taille, plus philosophique de langage, plus ardent et plus moderne, portant aussi une tête blanche sur un buste moins élevé...

Tous deux admirables de piété, d'esprit sacerdotal, de vertus sociales : Prêtres *jusqu'au bout des ongles :* et, dans deux carrières si diverses, ayant plusieurs points de contact : vrais types de cet ancien clergé français, aux allures qu'on a appelées gallicanes et qui ne sont que patriotiques, avec des cœurs profondément romains.

Entre ces deux êtres d'élite, j'étais aujourd'hui un lien de plus : Conscient de l'honneur qui m'était fait et du double bonheur que ces élus d'un autre âge donnaient à ma jeunesse relative, des leçons qui ressortaient pour moi d'un contact aussi ennoblissant.

Mars, 1879.

LXI

L'évêque de Jeanne d'Arc

Jeanne d'Arc avait une mission : Délivrer la France du joug de l'étranger. L'évêque d'Orléans s'est donné une mission : Faire connaître, aimer et honorer Jeanne d'Arc.

Mis en rapport plus immédiat et constant avec cette mémoire par le seul fait de sa présence officielle à Orléans, où tout parle d'elle, il a fait de cette héroïne son idée fixe ou tout au moins une de ses idées fixes.

Il veut la faire canoniser, et plusieurs théologiens ayant étudié la question d'une manière toute particulière, reconnaissent qu'il n'y a pas lieu d'en désespérer.

Ce zèle vient chez lui de plusieurs motifs ; il se développe par où il est né.

1° Il y a beaucoup de ce patriotisme qu'on peut appeler local et qui, resserré autour d'un clocher ou tout au moins dans le périmètre d'une contrée illustrée par de hauts faits d'armes et des souvenirs poétiques, entraîne sans cesse l'évêque d'Orléans à joindre l'action au dévoûment et à doter sa ville épiscopale, son diocèse, d'une gloire sinon nouvelle, au moins agrandie.

Ceci est l'*Orléanais*.

2° Il y a plus : Orléans peut bien lui sembler un peu le cœur de cette patrie : mais c'est certainement à l'amour de la France qu'il obéit, quand il s'attache ainsi à la mémoire de celle qui fut son glaive et son bouclier, son ange et son sauveur...

Ceux qui le connaissent bien lui rendent cette justice qu'il a la *passion* des intérêts nationaux, des gloires patriotiques.

Ceci c'est *le Français*.

3° Il s'élève plus haut encore :

Jeanne d'Arc est pour lui un *type* du *patriotisme sanctifié*.

Voilà sa grande idée : Dieu et l'humanité, tout ce qui vient du ciel et tout ce qui s'agite honorablement sur la terre sont en cette humble fille...

Sa mission continue en notre temps.

La France peut encore être sauvée par son suffrage, comme elle l'est par celui des Denys, des Geneviève, des Saturnin, de tous les saints qui, après avoir laissé de grands exemples, sont l'objet d'un culte public.

Voilà où il aspire.

Et ici, c'est *l'évêque*, le *chrétien*, l'homme surnaturel, toujours inséparable du patriote.

A ces motifs, je crois qu'on peut en joindre un autre qui a son importance : Les affinités de nature, les ressemblances de caractère.

On se passionne pour tel guerrier ou pour tel saint des siècles passés, par des conformités de goût.

Il y a un peu de Jeanne d'Arc dans l'évêque d'Orléans : Les excentricités providentielles qui tirent un être de la voie où il semblait naturellement engagé; les mystères de l'origine préparant les mystères de la destinée !...

Le dégagement des liens de la famille et des plus légitimes étreintes du foyer, soit qu'on les ait généreusement brisés, soit qu'on les ait moins connus...; des similitudes dans les enthousiasmes excités autour de soi, et plus encore dans les oppositions par lesquelles on fut accueilli...

Le grandiose et l'incompris d'une vocation extraordinaire... tout cela a créé entre ces deux êtres une sorte de mariage mystique... Mgr Dupanloup semblait prédestiné à être l'*Evêque de Jeanne d'Arc*. Et il y était prédisposé.

Trois fois, il a prononcé son panégyrique, le troisième a été plus beau que les deux précédents.

Il est allé à Domremy et à Vaucouleurs; ce pèlerinage qui ne pouvait que lui plaire, l'a exalté. Deux fois, pour plaider la cause de Jeanne d'Arc, il a pris le chemin de Rome ; ce qui fut de tout temps un de ses plus grands bonheurs.

Il a donné aux fêtes du 8 mai des formes originales et des proportions magnifiques : l'Éloge de Jeanne d'Arc est une joûte oratoire où se succèdent annuellement les panégyristes les plus recherchés dans le sacerdoce et même dans l'épiscopat français.

Ils ne sont pas toujours heureux ; car, à la difficulté même du sujet, s'ajoutent des dispositions de l'auditoire, dispositions ainsi caractérisées par Monseigneur lui-même :

« Vous devez nous prêcher cette année le panégyrique de Jeanne d'Arc. Je dois vous avertir que vous y serez jugé, *comme du reste tous vos prédécesseurs*, AVEC UNE EXCESSIVE SÉVÉRITÉ.

« Je vous conseille de confier *longtemps à l'avance*, votre manuscrit à un juge très-capable et très-rigide qui ne laisse point un mot sans le discuter. »

Hélas ! et ces précautions ne sont pas toujours victorieuses... depuis surtout qu'Orléans est doté d'un conseil municipal qui adore Voltaire, l'insulteur de cette glorieuse fille, dont l'étendard est confié aux édiles mêmes de la cité.

Singulières anomalies.

Heureusement pour les orateurs de bonne volonté que ce discours peut toujours être imprimé, même quand les édiles suppriment les fonds à ce destinés ; et que l'édification recherchée par l'apôtre a le droit de s'étendre au delà de certains conciliabules du terroir.

C'est égal ! L'Evêque et Jeanne d'Arc se trouveront avec bonheur là-haut !

Beaucoup trop tôt, hélas !

Nous savons que son œuvre sera continuée :

L'héritier de son siége a déjà prouvé publiquement qu'il l'était aussi de ses sentiments et de son zèle pour la gloire de Jeanne d'Arc.

Décembre 1878.

LXII

A quoi n'a-t-il pas touché ?

Quoi de plus contradictoire en apparence et de plus extrême en réalité, que les grandes œuvres religieuses, politiques, sociales, auxquelles sa vie est livrée et les questions de théâtre ? Et bien, ces dernières viennent de trouver dans ses préoccupations une place presque importante. M. le Cte Du Clésieux qui est un homme d'initiative, un charmant poète et, par-dessus tout, un homme de bien, a formé le projet de fonder un théâtre nouveau qui aurait la morale pour objet et la plus parfaite honnêteté pour moyen. Ce fut d'abord l'idée de Paul Féval converti.

Le noble septugénaire la poursuit avec un zèle très-éclairé, et a développé à l'évêque ses projets. Monseigneur les a pris très au sérieux, et lui a donné un rendez-vous tout littéraire pour cet automne, à La Chapelle.

C'est là que, entre quelques amis, tout cela sera examiné ; et l'on verra s'il y a lieu de créer en plein

Paris, au Faubourg Saint-Germain, un théâtre absolument moral, un théâtre duquel on puisse dire :

> La mère sans péril y conduira sa fille.

Le programme ne pouvait manquer de charmer l'évêque :

La vérité dans l'histoire ;
L'élévation dans l'art ;
Le bon goût dans la littérature ;
L'honnêteté dans le plaisir.

En attendant, Monseigneur est convaincu qu'on trouvera de l'argent, si on trouve des auteurs ; on trouvera des auteurs, si l'on trouve de l'argent ; on trouvera l'un et l'autre si l'on s'assure d'un public. Or, il est parfaitement croyable que, si les auteurs de vrai talent adoptaient le genre absolument moral dans le fond et dans la forme, parce qu'à l'avance ils seraient assurés du succès, à raison de la quantité immense de personnes que cette création intéresserait, il est croyable que ces auteurs aimeraient autant, aimeraient mieux travailler sur des données plus propices aux inspirations élevées, à la grandeur et à la beauté littéraires.

« Il y a là, dit Monseigneur, trois ou quatre problèmes et à peu près autant de certitudes. »

Par où faut-il commencer?... hélas! c'est triste

à dire ; mais il faut commencer un théâtre comme on commence un journal, ou comme on fonde une Université-libre : en dépensant beaucoup d'argent.

Si tout était bien combiné pour l'honneur de la religion et de la morale, Monseigneur n'en désespérerait pas plus que des vitraux de sa cathédrale.

P. S. — Cher Monsieur Du Clésieux ! Il assistait tout marri à ses funérailles. Et lui aussi il portait sa part de légitime regret.

L'idée sera-t-elle poursuivie ? C'est à désirer et même à espérer ?

Je connais un auteur qui a fait un drame sur Clotilde, la première reine de France et un poëme en cinq tableaux sur *l'enfant prodigue.* Monseigneur Dupanloup l'avait beaucoup encouragé...

A quoi donc son activité ne touchait-elle pas ? elle touchait à tout.

Quel est le genre de confiance qu'il n'inspirait pas ? il les inspirait toutes.

Encore un vide où sa protection manquera désormais :

Un libraire toulousain, M. Privat, a signalé à Monseigneur la grande et belle histoire du Languedoc de Dom Vaissette, qu'il réédite en quatorze grands volumes. Travail digne des bénédictins qui le publièrent jadis.

L'évêque aime ces grandes entreprises : il a donc écrit à l'éditeur une lettre d'encouragement, lui promettant « de recommander aux bibliothèques publiques de son diocèse, à ses séminaires en particulier, cette œuvre importante. »

Et ce brave M. Privat est désolé que ce patronage lui soit si rapidement enlevé. Combien d'autres, dont je n'ai pas connaissance, le seront comme lui ! chacun ayant ses motifs personnels, qu'il croit supérieurs à tous.

Toulouse, 29 Octobre 1878.

Et ces quelques Dames-auteurs, intrépides travailleuses qu'il encourageait, et qui devaient bientôt, sous ses auspices, entreprendre une publication exclusivement rédigée par leurs mains délicates, maternelles : Mlle Clarisse Bader, l'auteur de la *Femme Romaine* et de tant d'autres bons livres, Mme Claire de Chandeneux, le sympathique et très-honnête romancier des *Ménages militaires* et de tant d'autres excellentes publications. — Quel guide éclairé et sûr elles perdent en lui ! Puisse leur courage ne pas faiblir et leurs projets moralisateurs aboutir tout de même. — Trop longue serait la liste de tous les esprits que cette mort afflige, de tous les talents qu'elle met en deuil.

LXIII

La Défense.

Je ne sais pas ce que Monseigneur médite ; mais à coup sûr, il y a quelque chose d'extraordinaire dans ses projets.

Il est depuis quelque temps avec tout le monde d'une avenance particulière, comme s'il attendait quelque service de chacun.

Je lui ai vu accepter, en une ou deux semaines, trois ou quatre relations d'un ordre qui ne lui est pas familier, grands industriels, financiers, etc. Il semble faire la récapitulation des affectueux négligés ; et Dieu sait s'il y en a. Avant-hier, il a eu la visite d'un curé Lorrain, en grande réputation d'œuvres extraordinaires et qui, à lui seul, a bâti une église monumentale. L'Evêque l'a gardé une journée, lui a promis très-fermement de lui rendre un service fort délicat, et a fini par lui dire : « Je vous demanderai très-prochainement à mon tour un concours auquel j'attache un intérêt tout particulier. — Avec plaisir, Monseigneur, a répondu le brave homme; je vous attends. »

Hier, je lui ai parlé d'un de mes amis fort riche, qui voudrait être décoré et qui invoque *des droits ;* Mgr a immédiatement signé une lettre de recommandation très-méritée pour le ministre. Sauf le *mammona iniquitatis* dont son honnêteté est incapable, il en est à la période du *facite vobis amicos*. Il relance les anciens, en recrute de nouveaux.

Il va à Gênes : Et c'est évidemment la duchesse de Galiera qui est son objectif. Il réserve pour un peu plus tard la princesse Borghèse ; mais il s'annonce pour le printemps prochain.

Pendant ce temps, un certain factum pas très-long, quatre pages au plus, va et revient, de la rue Garancière à Viroflay, de Viroflay à Orléans ; corrections, remaniments, retouches ; ceci n'est ni une lettre pastorale sur l'éducation, ni un mandement sur Jeanne d'Arc.

Enfin, je suis relancé à mon tour, mais nullement sous forme de consultation. Monseigneur a ce bon esprit de ne pas demander à ses amis un conseil qu'il est décidé à ne pas suivre.

On m'annonce le fait accompli et on me remet, comme à tout le monde qui peut s'y intéresser : *La Défense religieuse et sociale. — Programme.*

Ce sont les gens du *Français*, qui ne vont pas être contents (1) !

Moi, je n'ai aucun goût, je l'avoue, pour cette création nouvelle. Je n'en vois pas l'utilité spéciale : De plus, j'y découvre de graves difficultés. OEuvre toute personnelle, qui a coûté 450,000 francs ! Tellement personnelle qu'elle mourra avec lui. Mais j'aime tant l'auteur, et il me subjugue si bien que j'amènerai tout ce que je pourrai d'adhésions et d'argent.

Habile, habile !! Vous l'êtes autant que bon, Monseigneur. Et ce n'est pas peu dire.

Mars, avril 1875.

(1) La première année de cette coexistence a coûté au *Français* douze mille francs de *déficit* : « Je viens de les leur apporter, me dit Monseigneur ; car je ne veux pas que le second fils porte préjudice à l'ainé... »

Puissance et générosité.

LXIV

Une visite au jardin d'Acclimatation.

Ce grand homme a des naïvetés d'enfant. Il a entendu raconter depuis huit jours, pour la première fois de sa vie, qu'il y a à Paris un jardin d'acclimation fort intéressant ; on lui a donné des détails qui l'ont charmé, et en conséquence depuis huit jours il me répétait : — « A la première heure de soleil et de liberté que nous aurons, vous me mènerez voir ce jardin. — Oui, Monseigneur, avec mille plaisirs, tout ce qui pourra vous reposer et vous distraire. »

Nous avons eu une belle après-midi aujourd'hui et justement pas de sénat : « Auguste, allez chercher une voiture et nous partons. »

M. Lagrange, qui est un travailleur, non-seulement n'est pas jaloux de me voir partir quelquefois sans lui, il est heureux au contraire d'y gagner quelques heures de liberté pour ses travaux personnels. J'aide ainsi négativement à sa vie de Saint-Paulin de Nôle, qui sera un beau livre.

Mais le jardin d'acclimatation a des charmes ! M. Lagrange vient donc avec nous. Ce sera bien plus intéressant.

De Viroflay nous redescendons par Sèvres, par Saint-Cloud, par Boulogne... une vraie promenade dans les bois, au bord de l'eau... Ce promeneur intrépide était ravi, il n'en avait jamais fait autant : car, pour lui, se promener veut dire marcher devant soi : or, aujourd'hui nous avions un but et des choses à admirer. Et nous allions en voiture.

Nous arrivons au fameux jardin : nous voyons les perroquets et les singes ; les phoques et les éléphants.

Le gardien des bêtes subit l'impression que le prélat produit partout. Dès qu'il sait que l'évêque d'Orléans fait aux loups-marins l'honneur d'une visite, il leur fait de son côté, pour intéresser Sa Grandeur, la faveur d'un repas d'extra !

« Voilà comme les gros dévorent les petits », disait-il, en voyant tous ces poissons jetés aux phoques et engloutis avec la voracité qu'on leur connaît.

« Et dire qu'il y a des hommes aussi voraces et moins intelligents que ces bêtes, » ajouta-t-il !

Nous passons aux éléphants, non sans avoir donné au gardien un gracieux remercîment, qui lui prouve que lui aussi a été intelligent, tout en étant peut-être au fond très-désintéressé.

Nous rencontrons, à quelques pas de là, la famille à trompe ; je dis la famille, parce que c'est l'idée qui a frappé immédiatement Monseigneur : « Ils sont là tous les trois, répétait-il, *le papa, la maman et le petit garçon!* »

La vue des chameaux et des dromadaires, conduits par des enfants et portant plusieurs personnes sur leur dos, l'autruche attelée à une voiture, les poneys et les chèvres, tout cela lui fait un plaisir extrême ; et comme tout le ramène en haut, il conclut ainsi : *Omnia subjecisti sub pedibus ejus, oves et boves universas, insuper et pecora campi!*

Et au fond de son cœur il y a certainement la prière admiratrice du prophète : *Seigneur, que votre nom est admirable dans toute la création!*

Bref, il a été ravi : J'en ai profité pour lui dire que Paris avait çà et là des distractions charmantes et parfaitement dignes : Je lui ai parlé des Buttes Chaumont et du parc de Vincennes.

« Il nous faudra voir tout cela, un jour par semaine, » reprit-il. Hélas ! pouvait-il se promettre une distraction périodique, à jours fixes, cet homme, au milieu de toutes les affaires divines et humaines dont il était accablé !...

Enfin, voilà une bonne journée dont il parlera à ses amis pendant une demi-semaine. — Et moi, je suis heureux de la lui avoir donnée.

Mars 1876.

LXV

Son éloge dans le XIX° Siècle,

Un certain *Curtius,* qui pourrait s'appeler *Eugène* ou *Louis* tout autant que *Quintus*, car je le soupçonne d'être bien plus clérical qu'il ne s'en donne la tournure, vient de faire de Mgr Dupanloup, en quatre colonnes et en cinq paragraphes, un portrait détestable. Une tirade insérée dans le *XIX° Siècle;* c'est tout dire.

J'en relève un seul trait : il le résume en ce *type vague et terne* qu'on appelle en politique *un opportuniste.* Il y a évidemment là un souvenir du concile et une mauvaise intention.

« Je ne prends pas le mot dans son meilleur sens, » ajoute Curtius. Le meilleur sens est sans doute celui de M. Gambetta. En vérité la langue française est commode au point de désespérer la logique et de faire frémir l'honnêteté. Poursuivons :

« Je l'entends d'un politique de convictions moyennes, toujours prêt à se plier aux circonstances et ne luttant jamais contre l'impossible, docile aux événements, avançant en spirale quand il est impossible de marcher droit et ne craignant pas de bifurquer... quand la grande route est obstruée ou dangereuse ; sacrifiant les principes aux convenances générales ou particulières... Mgr Dupanloup a un principe bien arrêté — et ceci le sacre opportuniste — : Le *droit des convenances primant le droit des convictions.* »

Je crois tout ceci vrai et de plus nullement injurieux pour l'évêque, seulement cela demande beaucoup à être expliqué.

Sa conviction est que, en politique, il n'y a point de *principe*, je veux dire de *forme gouvernementale nécessaire*, et cette conviction est profondément respectable chez un homme qui est religieux avant tout.

Ce qu'on appelle du nom de *convenances* signifie pour lui les situations providentiellement voulues ou permises, les événements et leurs inéluctables conséquences : il admet la théorie du fait accompli, ce que Bossuet appelait : le langage de Dieu ; persuadé que la meilleure forme de gouvernement, ayant à sa tête des hommes mauvais, ne vaudrait rien.

« Il faut, disait-il hier encore, tenir compte des révolutions accomplies dans les idées et dans les faits. Ne pas se préoccuper des passions au milieu desquelles on vit, est absurde ! »

Il est légitimiste jusque-là, républicain jusque-là ; je suis presque tenté d'ajouter : il aurait été bonapartiste jusque-là ; que si on lui demande quel est à son point de vue le meilleur des gouvernements, il répondra : « C'est celui qui donnera à la religion plus de liberté, à Dieu plus d'hommages, à la patrie plus de bonheur. »

Or, tout cela tient beaucoup moins aux principes qu'aux hommes chargés d'en faire l'application.

Que les républicains essayent de nous faire une république respectueuse de l'Eglise, du pape, de tout ce que nous avons le droit et le devoir d'aimer, l'évêque d'Orléans sera à la tête de tous ceux qui diront : merci.

Versatile jusqu'à changer de sentiment, quand ceux qui nous haïssent indûment auront changé de conduite.

Sacrifiant aux convenances, quand ces convenances auront pour elles le droit, qui s'impose par le devoir accompli.

Homme de Dieu et homme de la France : chrétien et patriote.

Vous avez donc fait son éloge, M. Curtius !

« Que pensez-vous, Monseigneur, de la lettre ou des lettres de l'évêque de Gap ?

— Je les trouve tout ce qu'il y a de plus raisonnable et de plus naturel.

« Ce qui me dépasse, ce qui m'indigne, c'est que quand un homme, quand surtout un évêque dit ou écrit des choses qui sont l'expression du plus simple bon sens, ou fasse autant de bruit autour d'une leçon de catéchisme, les uns pour exalter, les autres pour attaquer. Rien ne prouve plus la rareté du bon sens en France que ces exaltations d'une part, ces dénigrements de l'autre, à propos d'un acte aussi familier.

« Il y aura bientôt de l'héroïsme à oser dire les vérités les plus banales. Il est vrai que la vérité n'est jamais banale. »

P. S. — Voici la fin de sa lettre à M. Gambetta, après le discours prononcé par le dictateur des Gauches, à Saint-Quentin :

« En théorie, contre telle ou telle forme de gouvernement ni ma foi, ni ma raison, ni mon patriotisme n'auraient de graves objections, *si je n'avais vu votre parti à l'œuvre.* »

LXVI

Monseigneur n'a point de parti pris.

Au jugement de certains hommes extrêmes qui n'admettent qu'un principe politique, un seul, propice à la prospérité nationale, et qui croient très-sincérement que, en dehors de là, tout est péril dans le présent et ruine dans l'avenir,... aux yeux de ces hommes, ce qui précède et ce qui va suivre, des sentiments et de l'action politique de l'évêque d'Orléans, ne sera rien moins qu'un éloge.

Ils le regretteront, l'en blâmeront, ou peut-être m'accuseront d'avoir faussé ce côté de sa physionomie, en exagérant ce que j'appellerai *sa tolérance politique*.

Eh bien! il n'en est pas moins vrai que Mgr Dupanloup avait en politique une très-grande **ampleur** devant les principes et une notoire tolérance avec les personnes, dès qu'il pouvait se convaincre que leurs convictions étaient sincères.

Il puisait la première dans sa foi inébranlable en

la providence; la seconde, dans sa charité envers les hommes.

Oh! non, il n'était pas de parti pris, il n'était pas irréconciliable au vrai talent, au vrai mérite, quand il les rencontrait parmi les adversaires de ses opinions ou de sa politique.

Pendant la session législative de 1876, il vint un jour entendre un jeune député républicain, très-républicain assurément, dont on lui avait souvent et à juste titre signalé l'éloquence et les autres qualités. Le lendemain matin il lui écrivait, sans autre relation précédente, une charmante lettre commençant par ces mots : « Monsieur et cher ancien collègue, j'ai été hier si heureux de vous entendre que je veux avoir aujourd'hui le bonheur de vous le dire ».. Et il développait en maître tous les motifs de sa haute mais si modeste satisfaction.

Quand, un peu plus tard, un des plus vigoureux athlètes du parti politique qu'il a le moins aimé, est venu lui demander ses encouragements et ses conseils, au double point de vue de sa défense personnelle et de la liberté publique, l'évêque d'Orléans l'a reçu comme s'il n'eût pas été un chef bonapartiste, et dans la tribune des sénateurs il vint l'entendre, avec une sympathie qu'aucune dissimulation ne couvrit. — Car, comme tout parlait en lui, tout jusqu'à son silence, le regard des spectateurs allait ce jour-là de l'orateur incriminé à son illustre auditeur, et personne ne s'illusionnait sur les sentiments de Mgr Dupanloup à l'égard de M. Paul de Cassagnac, dans son débat avec M. Jules Simon.

« Je viens de lire, écrivait-il, le discours prononcé par M. Duclerc à la distribution des prix du Collége Fontanes.

« Il n'est pas possible d'avoir un langage plus élevé et plus simple, plus éloquent et plus honnête !

« Ah ! Si tous les républicains étaient comme cela, on se ferait volontiers à la république... »

Voilà un *si* qui lui allait et une phrase qu'il ne marchandait pas.

« Mais !... hélas ! » ajoutait-il : le fameux *mais !*

Tout récemment je l'ai vu satisfait, enchanté au sortir d'une visite qu'il avait faite à M. le ministre actuel des cultes : Il faut dire que dans cette visite l'aimable Excellence avait fait mieux que de lui promettre un chapeau de cardinal qu'elle n'aurait n'aurait pas à lui donner ; elle lui avait *octroyé* cinquante mille francs pour l'orgue de sa cathédrale :

« Ils sont vraiment bien intentionnés ces braves gens, et ils pourront, à un moment donné, faire un genre de bien que des ministres plus cléricaux ne feraient pas. »

De son côté le ministre disait : J'ai eu avec l'évêque d'Orléans un long entretien; j'ai été content de lui et il a été content de moi. Pourvu qu'on ne touche pas aux libertés religieuses qu'il a le devoir de défendre, à plus forte raison, si on les favorise, on aura bon marché de lui, sur les principes démocratiques. » C'est vrai.

Ce qu'il y a de plus évident en tout ceci, c'est qu'il savait reconnaître le bien chez ses adversaires, et qu'il n'était pas moins heureux de leur rendre son hommage et ses devoirs qu'à ceux de ses amis qui l'avaient habitué à leurs faveurs.

Voici un incident d'une vraie importance :
Au mois de juillet 1876, un de ses amis vint le trouver à Viroflay pour une communication essentielle. C'était un dimanche soir. Mgr était en société chez une famille du voisinage. Il alla dans le jardin joindre son visiteur. Les hôtes ne durent pas être contents, car cet *a parte* sous les ombrages dura jusqu'à huit heures trois quarts, c'est-à-dire jusqu'au moment où Monseigneur se retira. La chose en devait valoir la peine ; voici de quoi il sagissait :

Quelques hommes politiques de la gauche,

honnêtes, respectueux des grands principes sociaux, et dévoués avec conviction à la religion et au clergé catholique, faisaient savoir ceci à Monseigneur : « Consentez à adopter, *sans arrière-pensée*, le principe républicain, à ne plus faire aucune opposition systématique à la république, à la regarder comme un gouvernement de fait, que tout bon patriote doit servir....

« Nous vous promettons en échange tous les respects, toutes les libertés, toutes les concessions même que vous désirerez sur tout ce qui tiendra aux questions administratives, budgétaires, etc. L'enseignement supérieur libre pouvait paraître lui-même compris dans ce programme. »

Mgr répondit : « Je n'aurais pas fait la république, mais puisque elle existe, puisque elle est le gouvernement de fait.... si ce gouvernement veut, comme on nous le dit, être respectueux de nos droits et de nos libertés, cesser enfin cette guerre insensée et qui n'a pas de vrai nom, contre ce qu'ils appellent le cléricalisme, je seconderai de tout mon pouvoir les honnêtes gens dont vous me parlez. »

Dès ce moment, en effet, il orienta vers ce port du fameux *essai loyal*, sans M. Thiers, sa boussole politique.

Des rencontres furent ménagées, des conversations eurent lieu ; après lesquelles on se sépara, emportant de part et d'autre une estime réciproque et déjà un lien : *l'amour de la patrie.*

Seulement les événements allèrent plus vite que les hommes et le seize mai vint opposer une barrière infranchissable à ces projets conciliateurs.

LXVII

A propos de M. Jules Simon.

— Monseigneur, je vous apporte une caricature qui va bien vous égayer.

— Ah ! qu'est-ce que c'est ?

— Jules Simon habillé en cardinal. Le voilà avec son grand chapeau à glands, sa soutane rouge, tout l'attirail enfin. »

Monseigneur a ri de tout son cœur et a surtout remarqué qu'on lui a laissé le privilége de la moustache et des favoris.

Mais ce qui l'amuse surtout c'est l'inscription mise au bas de la vignette :

Ce diable d'homme est capable d'être cardinal avant moi !

(Paroles de Monseigneur Dupanloup.)

« Je n'ai jamais tenu ce propos ridicule..., mais il renferme, hélas ! plus de vérité qu'il n'y paraît tout d'abord.

« Et bien, je n'entends jamais parler de cet homme sans éprouver un profond regret, un véritable mal au cœur :

« J'ai eu pour lui une inclination, un faible qui allait jusqu'à la tendresse : je l'aimais, enfin !

— Monseigneur Chigi s'est peut-être douté de vos sentiments et alors il a voulu accaparer ce néophyte, de peur que vous le convertissiez au catholicisme libéral.

— Ah ! oui, voilà une bonne plaisanterie : le nonce a eu peur que je convertisse Jules Simon à mes idées. Il ne le convertira pas aux siennes, lui.

— Ils sont cependant bien d'accord. Jamais ministre des cultes, sous n'importe quel régime politique, ne fut plus agréable à la nonciature que celui-ci.

— Je le crois bien ; le nonce a une idée fixe : pour lui, la vie de l'Église de France, la prospérité de l'Église universelle réside dans l'abandon, fait par le gouvernement à la nonciature, du choix des évêques.

« Jules Simon, bien autrement fin, a fait (ou a semblé faire) cette concession : grande est la joie de Son Excellence Romaine, mais plus sérieuse et plus raisonnée est la satisfaction du ministre français.

« Ce que l'un appelle de la confiance est, de la

part de l'autre, du dédain, tout simplement : ajoutez à cela un goût très-prononcé pour la conservation de son portefeuille !

— Eh bien, Monseigneur Chigi a la vue plus courte que Jules Simon : Celui-ci est, en principe, séparatiste de l'Église et de l'État. Or, de ne plus nommer les évêques, à ne plus les payer, à se désintéresser d'eux complétement, la distance n'est pas grande : il n'y a qu'un trait de plume.

« Quant à moi, ajoute Monseigneur avec une vivacité redoublée, j'ai toujours tenu en très-grande défiance les gens qui se départent aussi facilement de leurs droits; c'est la preuve flagrante qu'ils sont disposés à s'affranchir de leurs devoirs.

— Vous avez bien raison, Monseigneur. »

Que de fois nos conversations se terminèrent par cette finale... sans aucune flatterie.

LXVIII

A propos de M. Gambetta.

Ceci est, comme tout le reste, une *note de journal*, remontant à près de quatre années déjà : Au moment où elle a été exactement *prise*, M. Gambetta, bien qu'il fût la sept cent cinquantième partie d'un souverain, pouvait être publiquement discuté, comme le plus simple mortel. Et il l'était.

Au moment où cette note est *publiée*, M. Gambetta est, depuis huit jours, une autorité constituée, officiellement érigée sur un des plus hauts siéges de la nation. Aussi, je médite l'avis de saint Paul : Rendez à chacun ce qui lui est dû : *cui honorem, honorem*.

A l'endroit du pouvoir quel qu'il soit, je ne suis pas plus partisan des caricatures que des flatteries. Tout compte fait, je m'en tiens à la publication de cette note, absolument comme je raconterais, sans commettre aucune irrévérence, l'histoire de la proposition Grévy, à l'occasion de la nomination du nouveau président de la République française.

6 février 1879.

Mgr a parlé aujourd'hui sur la liberté de l'enseignement supérieur. Son discours a été un vrai réquisitoire, contre le matérialisme professé ou tout au moins admis dans les facultés de médecine de l'État.

Il a pour ce procédé oratoire un goût très-prononcé : Depuis trois mois, amis et secrétaires notaient toutes les énormités dont ils pouvaient avoir connaissance. L'évêque composait son dossier.

Pendant qu'il le déroulait ce soir, Gambetta s'agitait beaucoup et lui a lancé trois ou quatre interruptions dont une seulement est arrivée très-distincte à mon oreille : *Il fallait vider votre panier aux ordures avant de venir ici* (1).

Il faut avouer qu'en fait *de panier*, voilà qui n'est pas la fine fleur, *le dessus*, comme on dit.

L'évêque s'est aperçu du mouvement, sans entendre les paroles, mais il lui a crié : « Je me persuadais que vous croyiez au moins à l'immortalité de l'âme, Je m'aperçois avec douleur que je m'étais trompé ! »

Belle apostrophe, très-applaudie des droites.

Le soir on a beaucoup parlé de Gambetta, et l'évêque l'a baptisé d'un singulier nom : *L'homme-scandale !*

Le gros mot admis, l'explication en a été donnée, le commentaire, les justifications, etc., au courant d'une conversation très-animée ; je la résume :

---

(1) J'ai cherché le lendemain cette interruption à *l'Officiel*. Elle n'y était pas.

1° Gambetta a commis toutes les énormités dans ce qu'on a appelé *la dictature de l'incapacité*. « Le grand malheur, c'est que dans une crise aussi terrible, le maître absolu de la France c'était vous (1) » : *premier scandale*.

2° Gambetta a pu, sans qu'on lui en demande le compte sévère qu'elle méritait, tenir cette conduite étrange. Il a échappé aux conseils de guerre et aux actes d'accusation qui ont accablé de moins coupables que lui. « Il a compté sur la légèreté, la sottise, la crédulité du public (2). »

— « Et elles lui ont donné raison, dit M. G... qui n'est pourtant pas un démocrate », *deuxième scandale*.

3° Et aujourd'hui, voilà cet homme chef de parti, plus puissant que jamais, faisant et défaisant à son gré les cabinets, traînant à sa remorque des hommes qui ont trente ans de plus que lui, des facultés aussi belles et de tout autres services ; injuriant le chef de l'État, sans qu'on mette la main sur lui. « C'est un prétendant (3) », *troisième scandale !..*

« Tout cela est exactement vrai, Monseigneur : reprend le même M. G. Mais, en toute justice, je me

---

(1) Lettre à M. Gambetta après le discours prononcé à Saint-Quentin.
(2) Idem.
(3) Idem.

demande sur qui ce scandale retombe, à qui il remonte?... sinon, sur ceux qui ont eu « l'insigne faiblesse de le jeter sur la France pour se débarrasser de lui ; » sur ceux qui lui ont confié « ce rôle magnifique et qui eût été sans égal pour un cœur de héros »... sur ce « tout un peuple qui lui a prodigué son argent, ses enfants, son sang ! » sur ceux qui « auraient pu d'une responsabilité et de fautes si graves demander un compte plus sérieux et qui lui ne l'ont point fait... Sur ceux enfin qui lui continuent aujourd'hui encore cette dictature, après tant d'événements divers... Et ceux-là ils ont été, à certaines heures, dans la droite et dans le gouvernement même, autant que dans la gauche.... Les peureux ont aidé les complices. »

En sorte que tous *ces scandales* sont un piédestal que les ennemis de cet *homme* lui ont fait, aussi efficacement que ses amis.

L'homme-scandale, soit. Mais l'accusation abaisse le pays et grandit l'homme : voilà la vérité.

LXIX

Un portrait dans une lettre.

Il a bien un peu la conscience qu'il est un maître parmi ses collègues : mais, comme il en use noblement, avec distinction et avec bonté !

M. Granier, qui n'est pas de Cassagnac, mais de *Vaucluse*, recevra demain de lui la lettre suivante :

Viroflay, 23 février 1878.

Monsieur et bien cher collègue,

Je viens de lire l'*Union de Vaucluse*. Laissez-moi vous dire *mon admiration* pour votre beau discours.

La noblesse, l'élévation, la loyauté et l'entraînement de ce discours sont réellement *admirables*.

Voilà une éloquence politique au plus haut degré, dans tout l'éclat de la raison et de l'honneur.

Veuillez en agréer mes félicitations les plus sincères, en même temps que mes plus dévoués et mes plus respectueux hommages.

† F.

Cette lettre est un portrait : ceux qui connaissent l'homme modeste et éminent auquel elle est adressée seront frappés de la ressemblance que ces quatre ou cinq coups de crayon lui donnent : noblesse, élévation, loyauté, entraînement, éclat de la raison et de l'honneur : — c'est cela.

Voilà un homme dans un discours.

Voilà un homme dans une lettre.

Que d'enfants respectueux et touchés gardent dans leur trésor de famille les lettres qu'il adressa à leur père ! que de mères émues et reconnaissantes gardent les lettres d'encouragement qu'il adressa à leur fils ou à leur filles !

LXX

Il souffre d'être seul.

Monseigneur est persuadé qu'il serait bien important qu'il y eût dans la politique active, dans les Chambres au moins, quelques ecclésiastiques qui en tant d'occasions soutinssent les droits de l'Eglise. « Il y a des généraux pour les questions de guerre, dit-il, il y a des ingénieurs et des banquiers pour les questions de travaux publics et de finances. Il n'y a personne pour les questions de religion ; ou plutôt il n'y a que des gens qui, doués d'un grand talent pour tout le reste, ne savent pas le premier mot de ce qui nous regarde. » Ainsi parlait-il des hommes de l'opposition et même des hommes du Gouvernement. Deux fois je l'ai entendu exprimer de vifs regrets après de beaux discours auxquels il rendait un sincère hommage. « Ce sont d'ardents chrétiens, disait-il, et des hommes éloquents ; mais il leur manque une note que le plus parfait laïque ne peut pas avoir. »

Sa seconde persuasion alors était qu'il est beaucoup trop seul.

C'est à un moment où cette sollitude lui pesait davantage qu'il écrivait à S. E. le cardinal archevêque de Paris pour l'informer — après sa belle lettre qui suivit l'ordre du jour du 4 mai — « que ses amis et lui avaient décidé de lui offrir un siége actuellement vacant de sénateur inamovible. »

« Venez, Monseigneur, lui disait-il, et je ne serai plus seul à me débattre dans cette fournaise ! » Il n'ajoutait pas *aux lions*, comme le jour où l'*Univers* ridiculisa sa méprise, à propos de Daniel et de la fosse biblique.

C'est encore sous l'impulsion de cette idée que, en août 1876, il disait à un ecclésiastique de ses amis : « Présentez-vous fermement contre Duportal. Il y a là une courageuse idée : L'affirmation contre la négation. Je conçois que, à l'heure où on veut le moins de nous, l'audace très-légitime d'une pareille antithèse puisse n'être pas sans succès. Et d'ailleur, en ce cas, il y a de la gloire à avoir tenté le combat, quand même on serait vaincu : *Tentasse etiam non assecutis gloriosum.* »

Si confiant qu'il soit en ses propres efforts, il en voit diminuer forcément la mesure tous les jours... Il n'est plus ni physiquement, ni moralement à la hauteur de ces grandes luttes. Il a encore le même élan, il manque de continuité ; il a soixante-quatorze ans !

Et puis, les mouvements populaires qui se précipitent vont bientôt le faire se trouver au milieu d'une minorité. Après le 5 janvier, ce sera au Sénat comme c'est à la Chambre. Or, le caractère de Monseigneur, son éloquence, sa nature, tout lui-même enfin, a besoin d'avoir derrière soi *une majorité*, pour déployer utilement ses facultés.

Il a vu, une fois dans sa vie, l'inutilité des travaux d'une MINORITÉ impuissante et il en a été dégouté, écrasé pour toujours !

Si l'on n'aboutit pas à la conciliation à laquelle il s'est honnêtement appliqué en ces derniers temps,... il se retirera définitivement. Le succès, au moins dans des proportions rationnelles, est indispensable à son action, à sa vie !

Mai 1878.

P. S. — Hélas ! le voilà retiré subitement par un coup de foudre. La Providence a été bonne pour lui... Il eût trop souffert de son impuissance.

LXXI

Sa part du 16 Mai

L'évêque d'Orléans a été le premier inventeur du 24 mai; et puisqu'il l'a dit avec cette simplicité, je ne vois pas pourquoi on ne lui laisserait pas, de son initiative, le mérite devant ses amis, le blâme, s'il y a lieu, devant ses adversaires.

A ce même titre, et pour des motifs identiques, je veux dire ce que je sais du 16 *mai*. Au risque de surprendre beaucoup de monde, à moins de suspecter la véracité du prélat, je dois déclarer que l'évêque d'Orléans n'a été pour rien dans le 16 mai, bien que son journal s'en soit fait le plus énergique défenseur, après.

Le 15 mai, vers les deux heures après-midi, Monseigneur me fit l'honneur de venir me voir et me dit: « Mon ami, je viens de manquer le train, pouvez-vous me donner à dîner ce soir? Figurez-vous que mon pédicure n'en finissait plus, et je suis tombé sur un cocher qui ne marche pas. — Heureux manquement, Monseigneur. Votre pédicure a eu beaucoup d'esprit et votre cocher mérite ma reconnaissance. »

Nous sortîmes, en attendant. Après quelques visites, je le conduisis et le laissai à l'Elysée où le Maréchal le reçut dans le jardin.—Il y était, du moins, au moment où on le prévint de la visite de Monseigneur.—Quant à Madame la Maréchale, elle faisait les honneurs de Paris, à la reine de Hollande je crois ?

Lorsque Monseigneur rentra le soir, je lui demandai : « Quoi de nouveau, Monseigneur ? — Rien. — Avez-vous fait beaucoup de politique ? — Pas un mot ; seulement je crois avoir fait un évêque de V..... Le Maréchal a écrit de sa propre main sur son calepin le nom et les notes que je lui ai fournies.— Allons, tant mieux. »

Le lendemain matin, 16 mai, je me rendis chez Monseigneur, rue de Monsieur, à neuf heures. Je l'accompagnai ensuite à la gare d'Orléans.

Il prit le train de 10 h. 40. Or la lettre du Maréchal à Jules Simon avait paru dès huit heures : et Monseigneur partit SANS RIEN SAVOIR. — Je l'ignorais également.

Je comprends qu'on ait bâti des conclusions sur ces coïncidences ; mais j'affirme, 1° que l'Evêque avait dû partir la veille au matin, que le seul train manqué a été cause de son séjour durant la journée du 15 ; 2° qu'en rentrant il m'a dit, d'un air fort simple, n'avoir pas fait un mot de politique.

Huit jours après, Monseigneur de retour à Paris me dit : « Ma foi, je n'irai pas à l'Elysée de cette fois. Les journaux à l'affût ont raconté ma dernière visite. Il est inutile et absurde de porter ainsi des responsabilités publiques, quand on n'a rien fait, ni rien pu faire. »

Du reste, si ses amis lui ont donné en ce moment des illusions, elles n'ont pas duré longtemps. Je le revis vers la fin de juin à La Chapelle où un accès, de goutte le retenait : je lui représentai très-vivement le 16 mai, selon ce qu'il était : *une entreprise insensée.* Je lui démontrai facilement qu'il était ou trop tôt ou trop tard... trop tôt pour un coup de main injustifiable ; trop tard pour une simple mesure d'autorité. Et certes, Monseigneur savait bien que je n'étais pas suspect, et combien j'aimais un des hommes qui se sont le plus laissés entraîner dans cette réaction inopportune, malgré tout son incontestable valeur.

Je lui fis surtout remarquer (il en fut frappé) le défaut de sincérité qu'il y avait d'une part à affirmer *qu'on voulait maintenir la République,* et d'autre part à écarter en même temps *tous les hommes, quels qu'ils fussent,* résolus à la servir ; à appeler au contraire tous ceux qui étaient décidés à son renversement.

« C'est vrai, répondit-il avec un accent de profonde tristesse. »

Six semaines après il m'écrivait : « Deux évêques de vos amis m'écrivent pour me dire combien ils trouvent déplorable votre attitude politique : croyez-moi, ne vous en mêlez plus, et en cela vous suivrez plus que mon conseil, vous suivrez mon exemple. Et notez qu'il faut bien aimer quelqu'un pour lui parler ainsi. »

Je lui répondis : « Ce qu'on a appelé mon attitude politique n'est pas autre chose que mon refus de partager les enthousiasmes de ces deux vénérés collègues, sur les élections prochaines.

« Mais croyez-vous que s'ils étaient *mes amis*, ils vous auraient écrit cela, au risque de me desservir auprès de vous, au risque de vous faire de la peine, à cause de votre affection pour moi ?...

« Que je ne fasse plus de politique active et que je renonce à me présenter contre Duportal, malgré le conseil que vous-même m'en aviez donné, puisque le gouvernement serait dans la nécessité de me combattre, soit ; mais je n'en suis que plus attristé de voir, en une telle campagne, les hommes comme vous déclarer qu'il n'y a rien à faire. »

Monseigneur me répondit : « Je suis profondément touché de vos sentiments, touché et édifié ; dès que ma santé et la providence me le permettront, j'irai enfin vous voir dans vos montagnes, **j'y tiens plus que jamais.** »

Hélas ! il est mort sans réaliser ce vœu qui m'était cher ; mais que de fois je lui ai dit durant cette période du gouvernement impopulaire par excellence : « Monseigneur, abstenez-vous, séparez-vous. Et puisque vous n'y avez été pour rien, ne prenez pas après coup des responsabilités inutiles. »

Note très-importante.

L'évêque d'Orléans faisait et avec raison une immense différence entre la lettre du maréchal à M. Jules Simon et la constitution d'un cabinet de Broglie-Fourtou.

La lettre était logique, correcte, constitutionnelle. Le président avait pris son ministre *les mains dans le sac*, comme disait pittoresquement l'évêque. Rien de plus naturel que de lui dire : Je vous remercie. S'il se fut borné là, tous les applaudissements n'eussent pas été du côté des droites.

Mais, de là à déclarer qu'il fallait d'un bond remonter au sommet de l'opposition !... il y avait un abîme.

Donc, quand même il serait vrai que l'évêque d'Orléans aurait conseillé au maréchal de se défaire à bref délai de son premier ministre, ce que je crois, il ne s'en suit nullement qu'il aurait conseillé tout ce qui a suivi.

J'ai les preuves matérielles, indiscutables du contraire :

Dans cette même journée du 15 mai — veille du fameux 16 — Mgr me dit : « Sachez, le plus tôt possible, de votre ami M. X., s'il accepterait un portefeuille ? » — Or, M. X. est un des républicains les plus honnêtes et les plus éprouvés qu'il y ait, un de ceux avec lesquels *seuls* la république sera viable. — L'évêque le savait très-bien et c'était là son principal motif.

« Monseigneur, lui répondis-je, M. X. n'acceptera ce portefeuille qu'à la condition de présider le cabinet ; mais en aucun cas, il n'acceptera d'être le ministre de M. Jules Simon. J'ai mes motifs pour en être sûr.

— Demandez toujours. Ce que vous me dites n'est point une difficulté. »

Le 15 mai au soir, à 10 heures, j'allai sonner chez M. X. Ne l'ayant point rencontré, je lui laissai un mot ainsi conçu : *J'ai absolument besoin de vous voir le plus tôt possible, pour affaire grave. Cherchez moi dès demain.*

Le lendemain matin la lettre du maréchal parut. Mon honorable ami crut que c'était cette nouvelle que je voulais lui annoncer. Il ne se troubla guère.

Un moment le maréchal songea à l'appeler pour lui confier le soin de former un ministère de gauche.

Et je crois fermement qu'il l'aurait fait, si l'Évêque d'Orléans avait été là, pour le maintenir dans cette idée, la seule vraie et pratique.

Monseigneur Dupanloup ne revint que huit jours après; le cabinet du 17 mai était constitué.

Voilà la vérité.

LXXII

Deux lettres, après le 14 octobre.

Paris, 17 octobre 1877.

Bien cher Monseigneur,

Et bien ! avais-je tort d'être triste depuis le 16 mai et de ne pas partager l'enthousiasme de certains de nos amis, qui vous ont écrit sur mon compte des choses désagréables ?

L'attitude réservée, qui nous a retenus du coté de ceux qui triomphent aujourd'hui, n'avait-elle pas ses prudences et un jour n'aura-t-elle pas ses utilités ?

C'était impossible, Monseigneur ! absolument impossible, étant donné l'état des esprits et les passions, avec lesquelles il faut toujours compter, sous peine d'être utopiste ; vous me l'avez tant de fois dit.

Que va-t-on faire après cet échec ? car c'en est un complet. N'est-on pas arrivé, plutôt qu'on ne pensait, à ce fameux *bout !* . . . Quels moyens désormais ?

Moi, dans mes lumières, je n'en vois qu'un, BEAUCOUP PLUS DIFFICILE QU'IL Y A UN AN, par certains cotés, peut-être plus facile par d'autres : *La conciliation*, entre honnêtes gens, sans exclusion systématique de ceux qui sont aujourd'hui les maîtres, que nous le voulions ou non.

On dirige l'esprit public, on le redresse, mais on ne le tue pas.

Que me disiez-vous un jour de l'hiver passé ? « Je ne l'aurais pas voulue, je ne l'ai pas faite cette république : mais enfin, puisqu'elle existe *et que d'ailleurs nous n'avons rien à mettre à la place*, j'aime mieux essayer de vivre avec elle que de la laisser nous dévorer. »

Vous aviez raison, Monseigneur. La vérité était là : elle y est aujourd'hui encore.

Je vous ai dit que je ne ferais plus de politique, afin de suivre votre conseil... conseil du moment, n'est-ce pas ? Mais peut-on se désintéresser de ces graves choses au point de n'en plus parler, de ne plus sentir ? Je ne le crois pas : ni vous non plus.

Si on reparle de *conciliation*, laissez-vous loyalement faire, Monseigneur ; et au besoin, mettez-vous en avant, reprenez votre programme du Concile : *Grande opus conciliationis* ou *pacificationis*... cela revient au même.

Je compte faire un petit voyage à Nantes, la semaine prochaine : si vous étiez à La Chapelle, je serais bien heureux de m'y arrêter quelques heures.

Tout vôtre toujours et je dirais, de plus en plus, si c'était possible !

G.

P. S. — Voici une chose que je tiens à vous redire, à vous écrire :

La Défense vous fait un immense tort et de plus en plus.

D'abord : par la réputation qu'elle a de vous appartenir et de n'appartenir *qu'à vous,* elle vous met au niveau des Girardin, des Gambetta, des Pereire, de tous les propriétaires d'un journal, etc. ; or, pour un évêque comme vous, ceci est loin d'être ennoblissant.

Ensuite elle vous fait porter des responsabilités de sentiment et d'action qui ne sont nullement les vôtres. Elle est en ce moment plus maréchaliste que le Maréchal. Elle assume tout le poids du 16 Mai : Je ne voudrais pas qu'elle le portât sur vos épaules.

J'ai dit au baron d'Yv. qu'un de ces quatres matins il sera lâché. Et je l'ai dit parce que *je le sais.* A la présidence, on incline à gauche ; et, après l'épreuve électorale, on a raison... puisqu'on veut rester.

Il est à souhaiter que, en se rendant avec dignité et sans attendre d'être trop contraint par les événements, on puisse encore traiter de puissance à puissance : *Donnant-donnant* : et retenir quelque honorable compensation, au moins sur les principes, sinon sur les personnes.

Mais, j'ai peur du fameux : *Il est trop tard.*

Vos conseils peuvent être d'une grande utilité.

Ah ! Monseigneur ! comme nous sommes loin de l'époque ou les gauches auraient accepté le fameux *Cabinet mixte !* Républicains-Conservateurs, conservateurs-libéraux.

Et dire qu'il y a de cela juste une année !

Les exigences vont être bien autrement sévères désormais.

Et, plus on attendra, plus on provoquera le *væ victis* de tous ces triomphateurs du scrutin.

On met en avant l'idée d'une seconde disssolution.

Veuillez, Monseigneur, faire tous vos efforts pour l'empêcher si vous y pouvez quelque chose.

C'est sans motif : Ce serait fatal.

Orléans, le 20 octobre 1877.

Mon cher ami,

Je viens d'écrire quatre grandes pages à la *Dé-*

fense sur ce dont vous me parlez. J'y insisterai davantage dès mon retour qui sera très-prochain. La forme joue un très-grand rôle en ces matières.

Tout ceci est fort grave et je ne suis pas aussi porté que vous à croire que les vainqueurs auraient la sagesse et la mesure qui convient au succès....

Tout à vous bien affectueusement, en N.-S.

† F.

LXXIII

Monseigneur n'ira pas à Versailles avant Pâques.

Pourquoi? parce qu'il est souffrant, fatigué ; parce que le docteur Combal l'a envoyé passer l'hiver à Hyères. Oui, pour tous ces motifs sans doute, mais pour un autre aussi.

Monseigneur a en ce moment une profonde peine — c'est plutôt un *ennui* qu'il faudrait dire — et aussi une *déception*. Le chapeau vacant n'y est pour rien. Il en est moins préoccupé assurément que de ceci :

Un homme à qui sa conscience a, sans doute, dicté depuis vingt ans toutes les oppositions imaginables contre l'évêque dont il fut l'élu, dont il demeure à certains égards le collaborateur : — car il est chanoine titulaire d'Orléans — un homme qui a donné à toutes ses oppositions une déplorable publicité ; qui s'est acharné à attaquer, à poursuivre, à decrier Monseigneur Dupanloup avec une ténacité, que *sa seule conscience* peut excuser à ses propres yeux, mais qui n'a pu trouver quelques complaisances qu'auprès des ennemis irréconciliables de son évêque; un homme qui, sur ses sentiments et sur sa conduite en ce point, ne saurait accuser personne d'en dire trop, puisqu'il en a tant dit et tant fait, pour dénigrer publiquement son chef, M. le chanoine Pelletier enfin doit prêcher le carême à la cathédrale de Versailles.

C'est Monseigneur Mabile qui l'avait choisi. L'évêque actuel n'est pour rien dans cette initiative. Il est, lui, très-modéré, très-prudent, très-dévoué et même très-reconnaissant à Monseigneur Dupanloup, qui l'a tenu en grande estime et honneur, dès avant sa promotion, sans l'avoir jamais vu?

L'évêque d'Orléans cependant lui a fait deux visites, en qualité de collègue et de diocésain, puisque Viroflay dépend de Versailles.

Mais la raison administrative est sans doute plus forte que la bonne volonté du maître. Un évêque, qui a un conseil, ne fait pas tout ce qu'il croirait opportun.

Trancher ferme et vif, quand on arrive à peine; imposer son caractère dès les commencements d'un règne, n'entre pas dans la nature ni même les programmes très-délibérés de tout administrateur. Débuter par un petit coup d'état, même en faveur d'un aussi éminent et d'un aussi bienveillant collègue, n'est pas chose facile. On pourrait en froisser d'autres.

On verra de négocier, d'amener M. Pelletier lui-même à comprendre la différence de sa position à la cathédrale, depuis qu'il ne jouit plus des mêmes faveurs à l'évêché. S'il se retirait de lui-même? Ce serait bien plus commode pour tous.

Or, cette solution n'est pas venue, ne pouvait pas venir.

L'évêque d'Orléans n'en a pas dit un mot dans sa visite à l'évêque de Versailles. Mais il n'y a point à révoquer en doute que les négociateurs de cette affaire agissent au nom de Monseigneur Dupanloup....

Les semaines succèdent aux semaines : les conventions précédentes demeurent en l'état. L'évêque d'Orléans est à Hyères : le carême commence.

Comment voulez-vous qu'il aille pérorer au sénat, pendant que, dans cette même ville de Versailles, à quelques pas de l'assemblée parlementaire, dans la chaire même de la cathédrale, pérorera sur des questions morales et théologiques l'homme qui n'a peut-être pas été le premier, mais à coup sûr est le second, parmi ceux qui ont essayé de lui faire le plus de mal ! Et celui-ci est un des siens ! !

M. le chanoine, vous avez cette fois vaincu votre évêque.

Monseigneur n'ira au sénat qu'après Pâques : votre station aura au moins cette importance de l'en avoir provisoirement écarté.

Mon Dieu, que les passions et les faiblesses des hommes, même des hommes d'Église sont grandes ! et que notre sainte Religion est vraiment divine de resister ainsi, sans rien perdre de sa beauté, aux erreurs, aux malentendus, aux querelles de ses propres ministres !.. Et des meilleurs encore...

Je dis : de ne rien perdre de ce qui touche à sa beauté essentielle ; c'est vrai. Mais je ne dis pas : au point de ne rien perdre du crédit dont elle jouit dans le monde ; car il est notoire que ces querelles intestines ont souvent marqué son front d'une tâche que la main des ennemis ne lui avait point imposée.

Paris, mars 1878.

LXXIV

Au ministre des cultes,

Monseigneur Dupanloup voit avec le plus profond chagrin se perpétuer dans l'Eglise de France la ligne de démarcation et presque de division qui fut opérée pendant le Concile. Nonobstant l'adhésion sincère de tous, il y a une tendance, dans les nonciatures plus encore que dans la cour pontificale, à écarter des promotions ecclésiastiques les sujets, quels qu'ils soient, à qui leur conscience dicta une conduite anti-opportuniste.

Aussi est-ce avec le désir d'effacer ces nuances, qui n'ont plus leur raison d'être, que l'évêque d'Orléans s'est beaucoup occupé des nominations épiscopales dans ces dernières années, que hier encore, il désignait à M. le Ministre des Cultes, pour le chapeau de cardinal, le vieil évêque de D... et l'archevêque d'A... : « Mais avant tout, ajoutait-il, nommez un des prélats qui furent comptés parmi les anti-opportunistes. » Cela ne voulait pas dire : « Vengez-vous, » mais cela signifiait : « Effacez de plus en plus les divergences, puisque nous vivons tous dans *l'unité*. »

15 février 1878.

LXXV

Le revers de la médaille.

Monseigneur l'évêque d'Angers, qui est un Maître, croit qu'un ami de l'évêque d'Orléans ne peut pas écrire *sa vie* sans faire à la fois un plaidoyer et un réquisitoire. Ce sont ces deux expressions et il me les a dites.

Pourquoi?

Il n'y a qu'à raconter les faits, sans accuser les contradicteurs de l'évêque, par amour pour lui; sans le venger de ces contradictions, autrement que par le fidèle exposé de sa conduite.

Ceci fait, avec une absolue impartialité, le lecteur jugera.

Que de fois néanmoins en consignant sur mes tablettes ces petites défaillances de nature, ce que je croyais être, en mon plus respectueux jugement, des *irrégularités de caractère*, que de fois je me suis sévèrement averti et jugé moi-même, dans l'appréciation que j'en faisais!

Que de fois, surtout depuis que j'ai consenti à publier ces *notes intimes*, le désir d'être un peintre fidèle a-t-il imposé à ma piété filiale une violence et des sacrifices que je n'ai acceptés qu'à cause du plus signalé cachet de véracité que ces ombres donneraient à la lumière !..

Amis de notre cher et saint évêque, pardonnez-moi d'avoir voulu tracer même les rides de ce beau visage, — même les *humanités* de cette grande et belle âme.

Imperfections souvent rehaussées par la vertu même. Il faudrait appeler cela : *les défauts de ses qualités*... Il sut les transformer au point d'en faire, par la grâce de Dieu et ses constants efforts, *les qualités de ses défauts*.

2 Février 1879.

Donc, la médaille est belle, fort belle ; mais le revers y est.

Il attire les hommes, il les passionne pour ses idées, et pour sa personne : mais il les use vite et souvent il les laisse après. C'est le plus grave regret qu'il ait pu inspirer ; parce que celui-là va droit au cœur, aussi bien qu'il en sort.

J'éprouve parfois une certaine tristesse à considérer que moi, qui ai vingt-cinq ans de moins que lui, je suis bien un de ses plus anciens et un de ses plus fidèles amis, dans le monde ecclésiastique au moins.

Et tant d'autres, où sont-ils ? qui nous le dira ?..

Du reste, les hommes, c'est ce qu'il connaît le moins ; à cause de la place trop considérable que prend en sa manière de les juger, l'enthousiasme ou le sentiment contraire.

Dans un certain ordre d'idées et pour une certaine catégorie de personnes, il est très-capable d'un engoûment trop spontané et n'est pas inaccessible aux propos malveillants apportés par des habiles qu'il ne connaît pas encore. Ajoutons que : il en revient avec bonheur aussitôt qu'il a pu être détrompé.

Naguère un homme était près d'arriver au sommet des honneurs, par son suffrage, par son initiative même. J'ai eu la chance de tout arrêter, en démontrant à l'illustre patron que ce candidat se faisait un piédestal des ruines, amoncelées par lui, de la réputation d'autrui. En présence de mes affirmations et de la vérité, la réaction a été prompte : et malgré les promesses faites, *l'homme, les hommes*, dont je parle (car ils sont deux étayés l'un par l'autre) n'arriveront pas, tant que l'évêque d'Orléans vivra. Il m'a au contraire promis de recevoir le calomnié, à une prochaine occasion : et les rôles pourraient bien être changés !

Le fait est qu'il est très-autoritaire, notre cher évêque : ce qu'il comprend le plus en administration c'est *l'obéissance absolue*. La question des convenances se résume pour lui dans ce qu'il appelle les *nécessités administratives*. Ce bon abbé D... qui sort de chez moi en est bien une preuve : il a quarante-cinq ans, il était curé depuis huit années, habitué à cette vie un peu plus personnelle, un peu plus affranchie, d'un homme qui a son ménage, sa maison, ses habitudes enfin.

Monseigneur l'a un jour invité à déjeuner; et après, il lui a annoncé qu'il avait absolument besoin de le renommer vicaire, dans une paroisse, *où un homme de sa valeur était indispensable*. Et il a si bien édulcoré la pilule, au double point de vue de la vocation surnaturalisée et de la confiance qu'un évêque donne à un prêtre, quand, pour le récompenser, il le fait descendre, que le curé est redevenu vicaire avec une admirable simplicité. Ah! ce n'est pas lui qui plaidera la cause de l'inamovibilité des desservants !!!

Une chose qu'il n'a jamais comprise, lui dont l'intelligence est à la fois si vive et si étendue, c'est la *résistance à ses volontés :*

« Il faut, il ne faut pas, c'est impossible, c'est insensé; » ces formules lui sont absolument familières, avec ses meilleurs amis, avec les plus hauts personnages.

« Il ne faut pas que ce journal paraisse, » écrivait-il naguère à un cardinal romain de ses amis, qui se formalisa de ces impérieux conseils et le lui fit savoir.

L'évêque lui a écrit le regret qu'il éprouve de lui avoir fait de la peine, assurément *sans le vouloir*.

Il est inaccessible à la flatterie banale, à celle qui s'adresserait à ses propres mérites, à son éloquence, à son influence. Un sourire très-fin, dans les plis duquel perce au moins autant d'indifférence que de satisfaction, est en général toute sa réponse. Il sait bien ce qu'il est et ce qu'il fait ; et il doit le savoir.

Mais il est extrêmement sensible au goût qu'on lui manifeste pour ce que j'appellerai *son courant*. Le plaisir de rencontrer des adeptes (ou le désir d'en faire ?...), lui font parfois oublier son habileté ordinaire devant un nouveau venu.

Je lui ai parlé à Rome d'un personnage qui se disait, non sans quelque vérité, en possession de beaucoup de données sur les hommes et sur les choses de la ville et de la cour. En effet, sans prétendre trahir aucun parti, il les informait tous. — « Amenez-le demain à déjeuner, » me dit l'évêque. Je l'amenai.

Le fait est que ses narrations furent étrangement

indiscrètes. Que de fois, j'ai dû regretter depuis d'avoir introduit cet individu, alors *Franco-Romanisé*, qui n'avait qu'un but : redevenir *Romano-Francisé*! Du reste, il a merveilleusement réussi. L'évêque d'Orléans, qu'il a cultivé, en dehors de ceux qui le présentèrent à lui, n'a pas été inutile à son retour très-honoré... Qui sait où s'arrêtera cet homme qui a pu mettre dans son sac de jeunesse compromise : Un évêque d'Orléans !

Il est donc notoire que les nouveaux venus ont toujours un privilége sur les anciens, dans ce qu'on peut appeler *ses faveurs :* ceci ne veut nullement dire, dans son amitié, dans son affection.

De vieille date, c'est un accapareur d'hommes. Cela étant, il choye moins ceux qui lui appartiennent, ceux dont il est sûr, que ces néophytes de son admiration ou de son estime.

ussi, les premiers ont souvent l'air d'être les derniers, dans ce petit royaume de sa maison. Mais uniquement au point de vue des faveurs utilitaires; car dans son cœur, les aînés gardent leur place.

Exemple : M. Ch...... député de la droite, lui présente un sujet pour l'épiscopat. Il le voit une fois, écrit son nom en tête de sa liste, le patronne, à une prochaine occasion, avec une assurance toute personnelle.

Et pendant ce temps il laisse à son côté des hommes..... comme MM. Lagrange et Bougaud.

Il est vrai qu'il faudrait les perdre : Et le cher Père ressemble à ces chefs de famille qui aimeraient bien marier richement leurs filles, s'il ne fallait pas les doter et surtout s'en séparer.

Je mets en fait que si son coadjuteur avait été son vicaire général depuis vingt ans ou seulement depuis cinq ans, il ne serait pas devenu *son coadjuteur*.

Goût de l'improvisation dans les hommes comme dans les discours ;

Propension très-accusée à être influent et à servir autrui ;

Négligence très-affectueuse des siens, à l'endroit de certains intérêts.

Il y a de tout cela un peu... et d'autres choses encore.

Où est-elle la perfection, où est-elle ?...

N'est-il pas démesurément discret sur ses affaires à lui, avec les personnes de sa constante intimité... Il les met quelquefois dans un embarras réciproque, en imposant à l'un d'eux tel silence vis-à-vis de l'autre, sur des objets, ou bien qui n'en valent pas la peine, ou bien qui ne peuvent demeurer un secret entre des commensaux.

Pour des sujets plus graves, pour toute l'affaire de son coadjuteur par exemple, ce que les plus affidés de sa maison ont regretté, ce qui leur a fait une véritable peine, ce n'est pas qu'il n'ait pas choisi l'un d'eux, ni qu'il ne les ait pas consultés; mais c'est qu'il leur ait laissé apprendre par la rumeur publique, par les journaux, une nouvelle si importante pour eux.

Etait-ce de la défiance ? non.

Cet homme n'aime pas la contradiction. Quand il a résolu quelque chose, il fuit systématiquement toute opposition qui fatiguerait son esprit, ou peut-être enrayerait sa marche :

« Peu m'importe qu'on sache que je suis parti quand je serai à Turin ou à Florence, disait-il. — Mais Monseigneur; dès que vous serez monté en wagon tous les journaux le raconteront. — Oui, le lendemain, et je serai déjà loin ; ça m'est égal alors. »

L'Évêque d'Orléans est beaucoup en ces petits faits.

« *Cet homme au cœur léger, à la conscience plus légère encore !* »

Il l'a dit : Les gauches ont souri, mais cette connivence dans le blâme n'avancera guère la question qu'il soutient et n'adoucira pas les hommes qu'il combat.

Je regrette ce mot :

D'abord, parce qu'il est toujours dangereux d'accuser les *intentions* d'un absent ; la *conscience* de l'homme est son refuge à lui, son terrain que nul n'a le droit d'envahir. En second lieu, parce que cet absent étant à terre, il semble peu séant de lui donner un coup de pied épiscopal. Enfin, parce que, sans rien gagner avec les opposants, il me paraît très-peu politique d'aliéner, par un bon mot blessant, toute une partie de la chambre, dont on a besoin, dont on aura un plus grand besoin encore et avec laquelle d'ailleurs, on est d'accord sur la question dont il s'agit.

Pas plus que je ne trouve habile à M. Keller d'avoir dit au prince Napoléon : « Le nom que vous portez est inscrit en lettres de sang dans les champs de l'Alsace et de la Lorraine. »

La politique des coalitions doit avoir de tout autres tolérances.

Assurément j'attribue à d'autres qu'à lui la responsabilité de ces regrettables habitudes qui ont donné à la polémique religieuse contemporaine des formes d'où la politesse et le bon ton sont aussi absents que la charité. Pour certains écrivains trèscatholiques, très-pieux même, l'encre ne fut jamais assez noire. C'est dans du fiel qu'ils ont trempé leur plume...

Mais notre cher évêque a bien un goût très-prononcé aussi pour les défis et pour les anathèmes. Le polémiste, le politique ont souvent dominé chez lui l'évêque, le chrétien charitable.

J'ai souvent été froissé des épithètes de fougueux, de pétulant que les journalistes lui donnent. Accolées au titre de prélat ces qualifications sont irrévérencieuses.

Monseigneur les a-t-il toujours volées ?

Et qui donc est parfait en ce monde ??

Il a peut-être trop souvent traité en ennemis ses adversaires. Assurément Victor Hugo vient de prononcer un discours très-absurde : le rapprochement que le poète a fait du sourire de Voltaire et des larmes du Christ est un blasphème, autant qu'une folie d'imagination.

L'évêque a bien fait d'écrire à ce *génie dévoyé*.

Mais j'aurais voulu que, dans cette lettre de *vieillard à vieillard*, l'évêque eut un peu parlé à son ancienne foi, à son cœur jeune encore.

La finale : « Vous prétendez aborder au port de la gloire et vous n'avez abouti qu'au rivage du ridicule, » est bien une chute sarcastique. Elle n'est point un appel, où se montre le zèle pour une âme égarée.

Malgré tant de différences et d'oppositions, le talent, la vieillesse pouvaient laisser entre Victor Hugo et l'évêque d'Orléans une porte entrebâillée... Il les a toutes violemment fermées.

Je sais bien qu'il y a des erreurs pour lesquelles la morale doit être sans pitié. Je ne crois pas qu'il y ait un seul homme pour lequel la charité puisse être sans miséricorde.

Si Monseigneur m'avait pris pour secrétaire en cette circonstance je lui aurais demandé d'ajouter un mot à sa lettre : celui du cœur.

Comme c'est étrange :

Monseigneur a de la mort une frayeur qu'on dirait insurmontable. A la fin d'avril 1877, lors de notre dernier voyage en Italie, je le laissai à Migliarino près de Pise et je me rendis à Rome : « Ramenez-nous, m'écrivit-il, la dépouille de notre saint ami. » Le digne abbé Hestch, ancien supérieur du petit séminaire de La Chapelle, était en effet mort à Rome où il avait accompagné son évêque, l'année précédente. Je fis tout ce qui était prescrit en pareille circonstance et Dieu sait par quelles formalités il me fallut passer ! Enfin, je conduisis le cercueil **de** Rome à Paris, de Paris à La Chapelle. J'avais avisé par dépêche Monseigneur que j'arriverais en gare, avec mon précieux dépôt, le lundi à sept heures du matin. Monseigneur ne remit pas la dépêche au supérieur du séminaire, et *juste à sept heures du matin*, le lundi, il partit de La Chapelle pour Orléans.

Je l'y joignis dans l'après-midi et il me dit : « Mon ami, vous augmentez la dette de notre reconnaissance ; car vous venez de rendre un signalé service, non-seulement à moi, mais à mon diocèse. » Et sa gratitude était aussi sincère que motivée, j'en suis sûr.

Il n'était pas indifférent, il avait largement payé des frais fort considérables. Il était heureux de voir retournée au milieu des siens la dépouille de *notre saint ami*. Il se faisait absent à l'heure de l'arrivée : Pourquoi ?

Il y a dix ans, l'homme peut-être qui l'avait le plus aimé jusque-là vint passer à La Chapelle les dernières semaines d'une vie prématurément condamnée ; on comptait les jours, on savait à peu près le nombre d'heures. L'évêque d'Orléans eut tout à point un voyage à faire ; quand il revint, son ami, M. Debovet, le curé de St-Thomas-d'Aquin avait été ramené, dans un cercueil aussi, à Paris où il fut inhumé. L'évêque s'était dérobé aux angoisses d'une amitié d'ailleurs très-profonde.

La mort faisait à l'évêque d'Orléans une frayeur d'autant plus grande que ses victimes lui étaient plus chères : c'étaient ses *chers morts* dont il avait frayeur.

Ouvrir ses bras et son cœur, prier, consoler, pleurer, attendre un dernier soupir, comme tant d'amis en sont capables, n'était pas son affaire. Il ne supportait pas ces spectacles.

Je serais presque tenté de dire : Il n'en avait pas le temps.

Disposition singulière, dans une vie qui renferma tant de désintéressement et de magnanimité !

La vie écrite des hommes qui ne sont plus doit être une instruction, une leçon. C'est un exemple, en tout ce qu'ils ont fait de bien ; un avertissement, en ce qui constitue l'*ombre* humaine, au tableau le plus édifiant ou le plus glorieux de leur existence.

La vie d'un homme éminent, d'un saint, n'est pas le récit exclusif de ses vertus. Ce serait désespérant pour les bien intentionnés qui interrogent ces modèles.

Le clergé, l'épiscopat français est très-gâté sous ce rapport par les écrivains catholiques qui parlent de lui.

Les *galeries modernes*, les semaines religieuses

sont autant d'encensoirs allumés et perpétuellement entretenus par des mains de flatteurs. Depuis quelques années, il y a une de ces boîtes à parfums dans chaque diocèse.

A quoi bon? Rien n'est moins respectueux, ni moins affectueux, que la flatterie.

Les vrais grands n'ont pas besoin qu'on les flatte pendant leur vie.

Et quand on les a véritablement aimés, on doit, si on parle d'eux après leur mort, les traduire tels qu'ils furent.

L'amitié n'a pas le droit de transformer une biographie en panégyrique.

Paris, 1er Février 1879.

LXXVI

La Loi-Dupanloup.

Comme la question des *Universités-libres* le préoccupe ! Comme il est vraiment le père de cette œuvre ; comme il la soigne maternellement, partout où il la voit naître. Ce qu'il a fait en ce point sera une des plus belles pages de son histoire. Et certes *son historien* le sait. Un homme d'État disait pendant qu'on la discutait dans la Chambre : Cette loi devrait s'appeler : *la loi Dupanloup*.

Voici un incident tout local :

Toulouse est une ville qu'il ne connaît pas. Il l'a traversée il y a quarante ans ; et le souvenir qu'il en a gardé le fait sourire, quand il le raconte, avec un peu de malice pour les Toulousains ses amis :

« Je revenais de Rome, dit-il ; on me dit qu'on va me montrer, en pleine cité Languedocienne, un *beau Capitole*.

« Je me prépare à gravir *un mont* ; on me conduit sur une place publique où se tenait un grand marché aux herbes et nous entrons au Capitole ;

mais dans un Capitole tel que s'il se fût agi de celui-là, Scipion et tous les triomphateurs auraient dû dire jadis : *Descendons* au Capitole.

— Vous êtes un peu sévère, Monseigneur, de n'avoir vu que cela?

— Ah! je sais que c'est en outre la cité de Clémence-Izaure et de saint Saturnin. La ville des troubadours et des saints?

— A la bonne heure. »

Eh bien, Monseigneur a en grande estime Toulouse, depuis qu'il sait qu'on s'occupe d'y fonder une université catholique. Il est même d'avis que c'était la seule ville de province où une pareille fondation aurait dû avoir lieu : *Paris* et *Toulouse*. Le nord et le midi. Cette concentration aurait été plus propice aux efforts et aux succès les plus importants. Il y avait d'ailleurs ici des traditions incomparables. C'est son opinion et beaucoup la partagent.

Mais chaque population a eu son zèle particulier : Angers et Lille n'ont pas voulu demeurer en arrière ; mais Toulouse est dans les visées exceptionnelles de Monseigneur et voici ce qu'il m'écrit :

Orléans, 4 août 1875.

Cher ami,

Merci de votre bonne et aimable lettre. Dites

bien à Monseigneur de Toulouse à quel point j'applaudis à sa pensée et quels vœux je forme pour le succès de ce généreux effort. Il est capital que l'on commence pour la rentrée des cours, et que les pères de famille soient immédiatement informés.

Quant à mon voyage aux Pyrénées, il sera retardé nécessairement, car les médecins m'envoient pour de graves raisons aux eaux d'Evian.

Tout à vous bien affectueusement en Notre-Seigneur.

† F., Évêque d'Orléans.

A vrai dire je ne suis pas fâché que Toulouse ait une petite page dans ces *Notes et Souvenirs :*

A tous les cœurs bien nés!...

LXXVII

Pas cardinal.

Rien n'est plus délicat à tracer que l'histoire de ces rapports si étroitement personnels. Je prends dans mon journal, écrit à Rome, la note suivante :

Rome, 26 avril 1877.

C'est étonnant, presque incroyable, mais à coup sûr exagéré que la place occupée dans les préoccupations universelles à Rome, par le *futur conclave*.

Le conclave est l'*ultima ratio* de tout : au Vatican et même au Quirinal.

Décisions à prendre, ménagements à garder, droits à soutenir ou à revendiquer, patience à ne pas perdre, nominations à faire... Tout cela est subordonné au conclave.

Et notez que bon nombre de ceux qui préludent ainsi ne verront pas la fin ; attendu que beaucoup sont des vieillards ; et que, sauf l'infirmité de ses quatre-vingt-six ans, Pie IX, grâce à Dieu, se porte relativement fort bien.

La preuve la plus manifeste et la plus regrettable du crédit donné à cette éventualité, de l'influence qu'elle exerce, c'est le refus du chapeau de cardinal à Mgr Dupanloup. Ceci est aujourd'hui très-avéré.

Le Saint-Père, reconnaissant les hautes qualités d'intelligence et de dévoûment de l'évêque d'Orléans, appréciant plus que personne les immenses services qu'il n'a cessé de rendre, malgré quelques occasions où l'activité de l'éminent prélat lui a été moins agréable, le pape serait enfin disposé à faire de Mgr Dupanloup un cardinal.

Sa Sainteté comprend qu'Elle s'honorerait en honorant un tel homme.

Mais le Sacré Collège? la *Curia Romana? No, no! E impossibile! — E perché?*

Il agiterait le conclave; il créerait un parti au sein du conclave! On relève, à ce sujet, l'influence qu'il eût au concile, sur les évêques orientaux, sur les allemands eux-mêmes.

Après le conclave, celui d'entre eux qui sera pape le nommera volontiers et les autres acquiesceront : c'est convenu. Mais, avant le conclave, jamais !

Ceci est de la dernière exactitude; aussi bien qu'il est vrai que le gouvernement français n'a pas cru devoir insister ; que c'est à peine s'il y a eu une *proposition ferme.*

De simples pourparlers dans lesquel on s'est heurté à des difficultés, ou tout au moins à des oppositions administratives.

Plus rien.

Ni le gouvernement, ni le Président n'ont fait de cette promotion *une question personnelle.*

Pouvaient-ils, ne pouvaient-ils pas aller jusque-là ?

Est-il temps encore, malgré le conclave, *qui n'est pas imminent ? ?*

Les cardinaux ne reviendront pas sur leur idée, au sujet de laquelle d'ailleurs il ne peut leur être donné aucun gage, ni même aucune explication.

Pie IX n'est pas à l'âge où l'on fait un petit coup d'état administratif, à l'encontre de son entourage.

Les oppositions ont été trop accentuées.

Le Maréchal n'entrera pas plus en cause aujourd'hui qu'hier, dans une question, où sa compétence est moindre que dans les choses de l'armée.

L'évêque d'Orléans en peut faire son deuil. C'est fait !... ce deuil est léger.

Rome, 4 Mai 1877.

D'autre part, on raconte, l'ambassadeur lui-même raconte, que pressé très-vivement par le gouvernement français, il est allé proposer au pape une combinaison qu'il a cru devoir être victorieuse : « Très-Saint-Père, vous n'avez pas grande envie de nommer l'évêque d'Orléans cardinal, mais le gouvernement français y tient beaucoup. Votre Sainteté aimerait bien mieux nommer l'évêque de Poitiers pour lequel le gouvernement français a un goût très-modéré : nommez-les tous deux et tout le monde sera satisfait. »

L'ambassadeur a cru un moment qu'il pouvait espérer. Le Saint-Père lui a dit le fameux : *Eh bien, il faudra voir !* Mais le cardinal X... raconte que le pape lui a dit, en riant à cœur joie : « Quel drôle de marché on m'a proposé ! On me passe Pie, pour que je passe Dupanloup ! — Ce n'est pas ainsi, aurait ajouté le Saint-Père, que se font les cardinaux. » (1).

---

(1) La combinaison des deux nominations au lieu d'une, avait été très-goûtée à la nonciature de Paris. C'est même de là que l'inspiration en avait été communiquée au ministère des affaires étrangères et à l'ambassadeur auprès du pape.

Conclusion singulière : Ces deux nominations proposées alors sont à moitié réalisées. Monseigneur Pie, le très-remarquable évêque de Poitiers, est nommé septième cardinal français, pendant que l'archevêque de Toulouse est appelé au chapeau qu'on croyait revenir à l'évêque d'Orléans.

4 janvier 1879.

L'ambassadeur insiste cependant pour que Monseigneur Dupanloup, appelé à Migliarino par des devoirs de cœur, arrive jusqu'à Rome. Personne ne comprend, le pape lui-même ne comprend pas, qu'un prélat français vienne en Italie sans aller à Rome. Le cardinal de F... prête au pape cette parole : *Vole farmi una vendetta !*

Trois ou quatre amis se liguent et l'un d'eux se met en avant. Le télégramme suivant est expédié : *Au nom de mon affection la plus constante et la plus éclairée en ce moment, je vous dis : Venez, Monseigneur, venez.* — *Je vous attendrai demain soir à la gare.*

Quand l'évêque reçoit la dépêche, il était en route pour Milan. « Une vraie fatigue et la nécessité d'être à jour fixe au Sénat m'ont obligé de repartir pour Paris, » écrit-il ; et il ajoute : « *Novi corda, voces et opera.* »

« Mon ami, soyez prudent et ne prononcez mon nom avec personne ! »

Voilà qui est parfaitement impossible.

Evidemment, au milieu de tous ces meli-melo, la note vraie est en tête de mon journal d'hier, de celui même de mon arrivée à Rome :

Monseigneur Dupanloup ne sera pas cardinal ; tant mieux !

Paris, 20 mai 1877

P.-S. — Je raconte tous ces incidents à un personnage ecclésiastique des plus éminents en piété. Il approuve pleinement l'abstention de l'évêque et il rappelle à ce sujet la remarquable réponse que fit, il y a quelques trente ans, le cardinal d'Astros : « Si l'on me juge digne du cardinalat, pourquoi ferais-je un pas, après lequel je ne le serais plus ? »

Mgr Dupanloup eût été bien plus libre de ses démonstrations personnelles envers Pie IX, s'il n'y avait pas eu pour les spectateurs de ses démarches, cette éternelle question du chapeau suspendu sur sa tête.

LXXVIII

Évêque d'Orléans.

Enfin, il est mort simple *évêque d'Orléans* et ses amis doivent en être heureux. Il était assez grand comme cela. Est-ce que Bossuet a eu besoin d'être archevêque, d'être cardinal pour que la postérité lui ait rendu hommage?

On dira : L'évêque d'Orléans, comme on dit l'évêque de Meaux.

Quelques amis ont souvent désiré plus pour lui. Je n'ai jamais partagé leur ambition..

Un archevêché? A quoi bon? Afin que dans les réunions épiscopales il eût droit à des préséances? D'abord, il aimait peu ces réunions. Et puis, est-ce qu'il n'était pas *lui*, partout où il était?

En France et à Rome même, s'il passait dans une procession où il y aurait eu des archevêques et même des cardinaux, qui cherchait-on? Quel était l'objet principal de la curiosité publique? *Lui*, toujours lui.

Il fallait voir cela, quand nous voyagions en

Italie, à Pise, à Vienne, à Naples... C'était une petite émeute dans chaque rue, sur la place publique, jusqu'à la gare. *Ecco Doupanloup*, criaient ces braves gens!! Ils saluaient un prodige... Et nous, ses amis, nous étions bien fiers.

Du reste, il tenait peu lui-même à une pareille promotion. Deux fois, je l'ai vu en présence de l'archevêché de Lyon vacant, recevant de sérieuses avances et les déclinant énergiquement.

En décembre 1870, pendant le concile, je reçus de Paris, de la direction des cultes, une lettre qui renfermait cette insinuation :

« Plusieurs évêques ont écrit au nouveau ministre (1); et cela l'a beaucoup encouragé, dans le désir qu'il a de servir l'Eglise : comme ça ferait bien si vous obteniez que l'évêque d'Orléans écrive deux lignes en ce sens! » J'allai à la villa Grazzioli, je communiquai la phrase et Mgr Dupanloup me répondit : « Je saisirai volontiers une occasion de faire ceci, dans un but de bien, mais attendons que l'archevêché de Lyon soit pourvu. »

Quelques amis très-haut placés ont essayé de revenir à la charge, il y a trois ans à peine, et m'ont demandé de me faire leur complice auprès du vénéré prélat. Je n'étais pas convaincu, je l'avoue :

(1) Emile Ollivier.

mais quand, le 2ᵉ dimanche du Carême 1876, j'ai vaguement parlé d'une simple éventualité en ce sens, il m'a opposé un de ces refus comme son énergie en savait produire : *Jamais, jamais!* Il avait raison.

Quant au cardinalat, c'était différent : Il supportait qu'on lui en parlât dans l'intimité, qu'on relevât ses droits... Il l'eut accepté avec un vrai bonheur et voici son motif :

Cet homme qui avait été si violemment attaqué dans l'honneur de son intégrité doctrinale, de son orthodoxie, portait avec une certaine peine le poids de cette accusation venue de très-bas, mais qui avait pu monter haut.

La promotion au cardinalat eût été non pas l'amnistie, non pas le pardon, il n'en avait pas besoin, mais la plus haute justification de toute sa vie militante et doctrinale. A ce point de vue, il n'était pas indifférent. Il y tenait.

A mon retour de Rome, au mois d'avril dernier, je m'arrêtai à Hyères où il se reposait, où il m'attendait. J'eus avec lui une longue conversation sur tout ce que j'avais appris de quasi officiel sur cette question : et je savais bien que c'était un retard parfaitement prévu et très-prudemment amené, de quelques semaines, de quelques mois peut-être.

A ce moment, l'opposition ne devait plus venir de

Rome : et l'incertitude du gouvernement français ne devait pas durer..., malgré les récriminations amoncelées par le 16 mai.

Je me rappelais, en causant avec lui, le mot charmant du Cardinal d'Astros, quand on lui annonça la pourpre : *Ad sepeliendum me fecit...* hélas ! je ne croyais pas que ce fût si près !

Prévoyant la possibilité d'une issue contraire à ses mérites, je m'évertuais à lui prouver qu'il était plus grand simple évêque d'Orléans que Cardinal. Il fut de mon avis et me dit : « Je vais écrire au ministre pour lui conseiller un choix... » Il le fit en effet, mais comme je suis sûr que son conseil ne sera pas suivi, que d'ailleurs son indication était peut-être un peu passionnée, je ne transcrirai pas ici de nom propre. Le champ est libre maintenant puisque le candidat supérieur à tous est écarté par un obstacle autrement majeur que par sa politique, la mort.

C'est peut-être en ayant en vue ce but manqué qu'un journal l'a appelé : *un passant qui n'est pas arrivé*. Vilaine parole !!

Tant mieux, tant mieux : Il n'eut pas vécu assez longtemps pour que les contemporains eussent pu prendre l'habitude de le traiter d'Eminence, de l'appeler le Cardinal Dupanloup... Et la postérité, qui hier a commencé pour lui, l'appellera plus aisément du titre qui honora sa fructueuse vie *l'Evêque d'Orléans*.

Voici une pièce authentique :

Hyeres, 2 Avril 1878.

Mon cher Ami,

Mille remerciements de votre bonne et longue lettre. Du reste nous nous reverrons bientôt.

Mais je veux vous dire dès à présent que, non seulement je n'ai aucun désir pour la chose à laquelle M. Dufaure est opposé, mais que ma conscience me reprocherait sévèrement d'aider en rien ceux de mes amis qui ont le tort de s'en occuper.

Mais, de plus, j'y ai de grandes répugnances, et pour les raisons les plus graves.

Et maintenant défiez-vous un peu de tous ces braves gens-là.

Tout à vous bien affectueusement en N.-S.

† F. Evêque d'Orléans.

P. S. — Mais je leur sais un gré infini d'avoir nommé M. de Gabriac à Rome.

LXXIX

Le dernier nouvel an.

1ᵉʳ Janvier 1878

Je suis triste aujourd'hui, extrêmement triste des trois lignes que j'ai reçues de Monseigneur. Il m'a devancé, ou plutôt nos lettres se sont croisées. Il m'a donc écrit le 1ᵉʳ Janvier au matin. Signe d'une bien particulière bienveillance qui me rend heureux : mais cette phrase me tourmente, sans que, moi aussi, *je sache pourquoi :*

Cher ami,

« Bon jour, bon an !

« Mais je ne sais pourquoi, je crains que, même pour ceux qu'on aime le plus, on ne puisse pas voir les bénédictions qu'on leur désire. »

Qu'est-ce que cela veut dire ? est-ce un découragement dont il est lui-même l'objet? fait-il pour moi quelques vœux que son amitié rend indiscrets, et craint-il d'être en ma faveur plus ample que la Providence?

Est-ce une phrase générale, se rapportant à ses soixante-seize ans? Bref, tous ces points d'interrogation faisant suite à cette ponctualité, m'intriguent et même m'inquiètent.

Je lui demanderai une explication... ou plutôt, non. Je redouterais la réponse. — Assurément c'est très-vague... Mais qu'y a-t-il de plus vague que les pressentiments? Il y en a qu'on ose à peine s'avouer à soi-même.

Et moi, qui lui ai écrit en gros caractère : *ad multos annos!* « Bonne année, accompagnée, comme on dit dans mon pays, de beaucoup d'autres! »

Tais-toi, mon imagination. Mes vœux l'emportent sur ses craintes.

Et toi, mon cœur, sois content d'une aussi délicate attention de ce noble ami. Surtout n'oublions pas le Post-Scriptum : « Je pars jeudi matin pour Hyères, voici mon itinéraire, etc. etc... Que je serais charmé si vous veniez dans ces régions-là! »

Monseigneur sait bien qu'il ne m'en faut pas plus : j'y irai certainement.

P.-S. — Hélas! ses appréhensions étaient prophétiques, mes vœux étaient superflus ! le onze octobre de cette année mil huit cent soixante-dix-huit, il a rendu son âme à Dieu ! J'ignore encore ce qu'il me désirait : mais si c'était une filiale fidélité à sa mémoire, il la verra, depuis le ciel, jusqu'à la fin de ma vie.

LXXX

Qui le remplacera?

A l'Académie ce ne sera pas difficile : il n'y allait plus; mais je doute qu'on puisse choisir un évêque, un ecclésiastique. Les temps où les distinctions envers le clergé étaient de mise s'éloignent de plus en plus de nous. L'évêque de ***, y a peut être pensé, mais en vain : quant à l'archevêque de ***, auquel la fortune, je veux dire la Providence semble avoir donné le droit de ne douter d'aucun succès, on m'a assuré qu'il ne songeait pas à l'Institut...

Au Sénat, c'est différent : Les deux prélats dont je ne dis pas le nom auraient bien le droit d'y entrer. A eux deux ils y feraient un très-grand bien : car l'un est très-orateur et l'autre très-diplomate.

C'est un grand malheur que l'évêque d'Orléans ne soit pas remplacé là. Toute la fougue et tout l'à-propos de l'honorable M. Baragnon ne rempliront pas le but, dans une quantité de questions techniques.

A Orléans, il sera facilement remplacé, il l'était de son vivant pour tout ce qui touche à l'administration diocésaine, à la charge épiscopale, proprement dite : un de ses motifs très-avoués en se donnant un coadjuteur était de voir continuer ses œuvres. Elles le seront toutes : et la différence d'esprit et de caractère ne nuira point à leur prospérité. Rarement deux règnes qui se suivent se ressemblent.

Mais pour mille choses dont il était l'initiateur, l'âme ?... Pour tant d'esprits, pour tant de familles qui l'aimaient et le suivaient, parce qu'il était *lui?* Ah ! ces vides-là ne se comblent pas. Un nouvel évêque fera sans doute des choses que celui-ci ne faisait pas, verra du monde que celui-ci ne voyait pas. Mais... le deuil laissé par celui qui s'en va n'en est pas moins immense.

Ce n'est pas ici ou là, d'une manière définie, que cet homme occupait une place, avait une action. — Il était partout où la vérité avait besoin d'un apôtre, la religion d'un vengeur ; il s'appelait *légion*.

Ses funérailles, si belles et si tristes, expliquent sa vie si étendue, si variée. La société entière y était représentée... Magistrature, armée, administration, clergé (cela va sans dire), corporations de tout ordre, amis venus de tous pays ; voilà une surface immense : il l'occupait toute entière, avec noblesse et dignité.

Qui le remplacera ? me disais-je pendant ces lugubres absoutes.

Ma réponse était celle-ci : Mettons-nous y tous, ceux qui le connaissions, qui l'aimions : et, dans la limite de nos moyens personnels, faisons ce qu'il a fait.

LXXXI

Crayonné aux Aubrais,

3 novembre 1878.

Autrefois j'arrivais avec bonheur à cette gare, où l'on bifurque pour arriver bientôt à Orléans. Et quand je ne pouvais m'arrêter, ce qui m'arrivait parfois, je saluais des yeux et du cœur ces deux grandes tours, cet élégant clocheton. Je savais tout ce qui était abrité à l'ombre de ce grand édifice ; je comptais les pas de l'hôte septuagénaire qui cueillait, ou plutôt qui regardait avec une joie enfantine les premières pâquerettes, les premières violettes de son jardin ; qui allait de son bureau à sa bibliothèque, de sa bibliothèque à sa chapelle ; je le suivais par l'imagination dans chaque coin de ce palais qui m'est bien connu. Très-souvent je me consolais en me disant : *Il n'y est pas*, ou bien : *Je reviendrai.*

Aujourd'hui je n'ose plus les regarder, ces tours et cette flèche ; car, hélas ! elles ne m'indiquent plus qu'un mausolée..., ce *superest sepulchrum*, qu'il a tant de fois répété, sans insister sur les commentaires !

Il n'y est plus, dans ce palais, dans ce jardin, dans cette cathédrale, dans cette ville, qu'il remplissait ; car tout cela était plein de lui... De longtemps on ne saura comprendre Orléans sans Monseigneur Dupanloup. J'ai ouï dire souvent, il y a bientôt dix ans, qu'on ne savait pas comprendre la Madeleine sans l'abbé Deguerry... C'était frappant.

Évidemment tout sera renouvelé là, dans les relations officieuses, amicales, au moins en ce qui regarde les étrangers, ceux si nombreux qui n'y venaient qu'à cause de lui !! Aucun évêché n'a ressemblé jamais à celui-là. Que la volonté de Dieu soit faite !

Eh bien, je reviendrai quelquefois dans cette cathédrale ; j'y reviendrai comme viennent à certaines époques, dans ces champs déserts, quelques pères de famille dont les fils tombèrent sous une balle prussienne et qui ont marqué d'une croix le lieu de leur trépas. J'y reviendrai, comme j'étais hier, à deux cents lieues d'ici, sur la tombe de mon père et de ma mère. J'y reviendrai incognito, furtivement, comme un Anglais maniaque qui regarde des vitraux, ou un italien qui cherche de vieilles toiles... Je m'agenouillerai sur ce marbre, j'y verserai mes larmes et mes prières, mes souvenirs et mes espérances..., et puis, je m'en irai, sans plus visiter personne, sans même regarder les maisons.

O station des Aubrais, tu es indifférente à ces cinq cents voyageurs que le train emporte avec moi, mais tu me remues profondément, pendant que j'envoie mon cœur là-bas, sous ces voûtes et que je dis mon : *Requiescat in pace !*...

LXXXII

Le mot de la fin.

Il est temps de finir : L'évêque d'Orléans aimait beaucoup cet avertissement, quand il allait se résumer, dans un écrit ou dans un discours ; se résumer, et se recueillir :

Car *le mot de la fin* regarde au moins autant l'orateur que l'auditoire, l'écrivain que les lecteurs.

Le recueillement après l'action, la rentrée en soi-même, après que tout le travail est fini.

Moment délicat que celui où on scrute sa conscience, avec le courage qui convient à l'impartialité.

Eh bien ! je veux dire, en toute simplicité que cet examen, loyalement fait, n'a rien qui me pèse, à la dernière de ces pages.

J'ai exposé la vérité, toute la vérité, rien que la vérité, sur mon très-honoré maître et très-affectionné père.

C'est cela qu'il a dit, c'est cela qu'il a fait, c'est cela qu'il était.

Mais toute vérité n'est pas opportune, dira-t-on. Le discernement de l'heure a ici une grave importance. Je le reconnais :

J'ai dû toucher, et c'était là le difficile, à des hommes vivants, à des choses existantes : mais je crois m'être imposé une suffisante discrétion. Aucun de mes lecteurs ne reconnaîtra certains personnages aux initiales de fantaisie que je leur ai données. Plus d'un grain de sel est ainsi tombé de mon livre et je l'ai volontiers sacrifié, à la convenance et à la charité.

Enfin, j'ai dû nécessairement me mettre beaucoup plus en jeu que je ne l'aurais voulu, qu'il ne l'aurait fallu :

Comment faire autrement, dans une publication qui porte ce titre : *Notes et souvenirs ?*

L'impossibilité où j'étais de m'abstraire totalement, dans ces narrations d'une vie tout intime, était-elle une raison suffisante pour me faire renoncer à cette publication ??

Je ne l'ai pas cru. Je ne le crois pas.

On dit bien que des *mémoires* ne doivent paraître que dix ans après la mort de ceux qui en sont les sujets, de celui même qui en est l'auteur.

C'était peut-être plus vrai autrefois qu'aujourd'hui :

On était moins oublieux des morts, quand soi-même on vivait moins vite.

Singulière remarque : La plupart de mes amis à qui j'ai parlé de mon intention de plublier *ces notes* un jour, m'ont répondu : « *Faites-le tout de suite*, si vous voulez que votre livre ait l'intérêt auquel son sujet lui donne droit. »

Me choquer d'un pareil dire eût été mon premier mouvement, et j'aurais attendu.

En y réfléchissant, j'ai cru devoir au contraire suivre leur conseil et me presser.

Qui s'intéressera à l'évêque d'Orléans dans vingt ans d'ici ? Et ceux qu'il intéresse aujourd'hui, où seront-ils dans vingt ans ?? Ce sera de l'histoire ancienne.

Ainsi va le monde.

Après tout, puisque ceci est un hommage, il n'arrivera jamais trop tôt.

Et puisque cet hommage, rendu à la mémoire d'un seul, renferme de grandes leçons et de belles utilités pour un grand nombre, on est bien excusable de ne point différer ces résultats.

On me pardonnera donc ce zèle, dans lequel j'ai été bien en droit de croire que ma tête était complice de mon cœur, et les satisfactions d'autrui intimement liées à mes jouissances personnelles.

Et puis : Notre vénéré père et très-aimé maître a tant répété à ses fils le *Sursum corda* de la vie que je n'ai eu garde de l'oublier, en écrivant ces pages qui lui sont dédiées.

Paris, 2 Février 1879.

TABLE DES MATIÈRES

I. — Il est mort.	5
II. — Une première visite.	8
III. — Portrait en pied.	13
IV. — Traits de vie intime. — Politesse. Distinction	16
V. — Son parapluie, son chapeau	21
VI. — Son crayon.	23
VII. — Comment on l'aime	25
VIII. — Un engoûment excessif	31
IX. — Comment il cause. — Une causerie en marchant	34
X. — Comment il mange	38
XI. — Comment il boit.	41
XII. — Comment il dort.	44
XIII. — Comment il s'habille.	48
XIV. — Monseigneur ne joue pas	52
XV. — Son goût pour les opprimés.	55
XVI. — Un homme jugé.	58
XVII. — Sa voiture et ses chevaux	61
XVIII. — Un catéchisé de 1831	64
XIX. — Allocution aux mères chrétiennes. — Son goût pour la famille.	70
XX. — Une allocution aux ouvriers.	74
XXI. — Une causerie sur saint Paul.	76
XXII. — M. de Charette. — Une soirée au Palais	81
XXIII. — Ses réceptions du dimanche soir	83

XXIV.	— Une lettre de direction.	87
XXV.	— Comme il attend.	91
XXVI.	— Les cérémonies	94
XXVII.	— Au congrès de Malines	96
XXVIII.	— A propos d'oraisons funèbres	100
XXIX.	— Ses correspondances	102
XXX.	— Monseigneur Dupanloup et Pie IX.	105
XXXI.	— Le syllabus	109
XXXII.	— Cannes! Cinq minutes d'arrêt.	115
XXXIII.	— Avant le Concile.	117
XXXIV.	— Pendant le Concile	121
XXXV.	— Après le Concile.	125
XXXVI.	— Comme on ne l'aime pas	130
XXXVII.	— Un voyage après une lettre	136
XXXVIII.	— Un pape de son choix.	139
XXXIX.	— Un essai de justification	143
XL.	— Explication au Pape.	150
XLI.	— Mon audience de Pie IX.	154
XLII.	— Au Colysée	158
XLIII.	— Chez les Sacramentate.	162
XLIV.	— Sa lecture spirituelle	165
XLV.	— Son chapelet.	167
XLVI.	— Le chemin de la croix. — La retraite pascale.	170
XLVII.	— Son goût pour les voyages.	173
XLVIII.	— En route pour les Pyrénées. — Bordeaux, Bayonne. — Lourdes	178
XLIX.	— A une voix de majorité	185
L.	— A propos d'un coadjuteur	188
LI.	— Dans la rue de Sèvres.	194
LII.	— A propos de Monseigneur le coadjuteur.	195
LIII.	— Sa lettre à Henri V.	198
LIV.	— La table de Monseigneur. — Les personnages et les conversations.	204
LV.	— Monsieur Thiers. — Le 24 mai	211
LVI.	— Déjeuner chez un protestant.	219
LVII.	— Avec son éditeur	222

LVIII.	— La chambre aux brochures	226
LIX.	— Un Bordelais conquis	231
LX.	— Deux contemporains.	234
LXI.	— L'évêque de Jeanne d'Arc	237
LXII.	— A quoi n'a-t-il pas touché ?	242
LXIII.	— La Défense.	246
LXIV.	— Une visite au jardin d'Acclimatation.	249
LXV.	— Son éloge dans le XIXe siècle	253
LXVI.	— Monseigneur n'a point de parti pris.	257
LXVII.	— A propos de M. Jules Simon	263
LXVIII.	— A propos de M. Gambetta.	266
LXIX.	— Un portrait dans une lettre.	270
LXX.	— Il souffre d'être seul.	272
LXXI.	— Sa part au 16 mai.	275
LXXII.	— Deux lettres après le 14 octobre.	282
LXXIII.	— Monseigneur n'ira pas à Versailles avant Pâques.	287
LXXIV.	— Au Ministre des Cultes.	291
LXXV.	— Revers de la médaille	293
LXXVI.	— La Loi-Dupanloup..	307
LXXVII.	— Pas Cardinal.	340
LXXVIII.	— Evêque d'Orléans	316
LXXIX.	— Le dernier nouvel an	321
LXXX.	— Qui le remplacera.	324
LXXXI.	— Crayonné aux Aubrais	327
LXXXII.	— Le mot de la fin.	330

PARIS. — IMP. V. GOUPY ET JOURDAN, RUE DE RENNES, 71.

CATACOMBES DE R[...]

PAR

Le Révérend G. SPENCER NORTHCOTE

Traduit de l'anglais par

M. J. LE CLERC, du Clergé de Paris, camérier secr[et]
de Sa Sainteté.

NOUVEAU MANUEL PRATIQU[E]

DES CONSEILS DE FABRIQUE

CONTENANT

TOUTES LES DÉCISIONS
DE JURISPRUDENCE RELATIVES A CES ÉTABLISSEME[NTS]
AINSI QUE LES FORMULES DE TOUS
LES ACTES ADMINISTRATIFS QU'ILS ONT A DRESSER

PAR

L'abbé REINHARD de LIECHTY

[...en Théologie et en Droit canonique, Chanoine...]

ET

Jean DUBARRY

Ancien sous-préfet, officier d'Académie, Directeur du *Journal de[s...]*
et auteur du *Secrétariat de Mairie*, etc., etc.

Un volume in-12 de 500 pages. — Prix [...]

LES PARFUMS DE LA JEUNE FILLE CHRÉTIE[NNE]

PAR

L'abbé Reinhard de Liechty

[...en Théologie et en Droit canonique, Chanoine...]

[...]OUPY ET JOURDAN, RUE [...]

www.ingramcontent.com/pod-product-compliance
Lightning Source LLC
Chambersburg PA
CBHW072020150426
43194CB00008B/1187